浙江文叢

歷代鐘鼎彝器款識法帖

〔宋〕薛尚功 撰

浙江古籍出版社

圖書在版編目(CIP)數據

歷代鐘鼎彝器款識法帖／（宋）薛尚功撰. —杭州：浙江古籍出版社，2012.4（2025.1重印）
（浙江文叢）
ISBN 978-7-80715-866-0

Ⅰ. ①歷… Ⅱ. ①薛… Ⅲ. ①金文—彙編—中國—古代 Ⅳ. ①K877.33

中國版本圖書館 CIP 數據核字（2012）第073324號

歷代鐘鼎彝器款識法帖

［宋］薛尚功　撰

出版發行　浙江古籍出版社
（杭州市環城北路177號　郵編：310006）
網　　址　www.zjguji.com
責任編輯　周　密
封面設計　劉　欣
責任校對　徐曉玲
照　　版　浙江大千時代文化傳媒有限公司
印　　刷　浙江新華數碼印務有限公司
開　　本　710mm×1000mm　1/16
印　　張　30.25
字　　數　300千
版　　次　2012年5月第1版
印　　次　2025年1月第5次印刷
書　　號　ISBN 978-7-80715-866-0
定　　價　200.00圓

ISBN 978-7-80715-866-0

出版説明

《歷代鐘鼎彝器款識法帖》二十卷，南宋薛尚功撰。薛尚功，字用敏，錢塘（今浙江杭州）人，善古篆。生平事迹不詳，紹興中，以通直郎簽定江軍節度判官廳事。《歷代鐘鼎彝器款識法帖》約成書于宋高宗紹興十四年（一一四四），編次條理清晰，是宋代金石著述中輯録銅器銘文最豐富的一部。是書著録於晁公武《讀書志》、《宋史·藝文志》，均作二十卷，與今本同。惟陳振孫《書録解題》作《鐘鼎法帖》十卷。卷數互異，似傳寫脱『二』字。然吾邱衍《學古編》亦作十卷，云刻於江州，與陳振孫之説相符。蓋當時原有二本也。薛氏除本書外另著有《重廣鐘鼎篆韻》七卷，今不傳。

金石學始於宋代，文人名儒多投身其中，出現了一批金石學家和專著，最著名者如歐陽修的《集古録跋尾》十卷、趙明誠《金石録》三十卷、王俅《嘯堂集古録》二卷、王厚之《鐘鼎款識》一卷、吕大臨《考古圖》十卷等。以上諸書，皆對後世考古學、金石學和書法藝術産生了深遠影響。

《歷代鐘鼎彝器款識法帖》將鐘鼎器物上的款識依樣摹寫，既有釋文，又有考據。對于器物的出土地及收藏者也多有記録。卷一收録夏琱戈、帶鈎，商鐘、鼎共四十六器；

叙

南宋薛尚功集鐘鼎彝器款識二十卷鐘鼎韻七卷韻不傳刻本傳世款識則尚功手書爲山陰

物位乎秘藏神物流傳不專一氏庚午夏月客有持以視余々喜出殊異不惜重貲購之而不以私為己寶也爰棲梓

人公諸同好而叙之曰或謂世數綿邈字體代變古人遺跡以見岣嶁之碣岐陽之鼓及李斯碑篆而已詎知古人紀

功銘從迺有鐘鼎廟堂
重器必屬國能則佚播
二史遺跡在焉秦權量
識者以為程邈書矣在
兩漢又必蕭相國學書

師之徒凡此數人皆能上沿頡誦自成變化其體曰古文曰大篆曰小篆曰秦隸曰徒隸其法曰鶴頭曰蚊脚曰倒薤

意且其注釋詳覈博物之能茂先所遜蓋聞天地万物之理具在六書六書之蹟又在此帖有識者當以經奉之不徒

曰臨池之皐祖而已篆文一卷至八卷臨川帥志摹九卷至廿卷則族侄統鉫繼之小楷家姪統奮書書成搜其奕家

之謂則有族姚寶符綬
鑽至於命意連指不失
古人遺法自柔翰以至
鐵史皆不傳一一指授
顧爲薛氏忠臣者

崇禎癸酉孟夏南州朱謀
垔隱之甫書

集金石錄者多矣嘗攷所編尤
爲精詣況其墨跡乎余舊於山
陰錢懷平家屢閱之識其書
也至正元年十二月甲子鑑書
博士柯九思書於吳氏遜學齋

番昜黃伯溫觀
于中吳寓舍
鄞豐坊借觀于金陵兼隱館綠
園觀心治上悠然舫對鍾山題

歷代鍾鼎彝器款識法帖目錄卷第二

商器款識

尊

彝

商尊

商彝

歷代鐘鼎彝器款識法帖目錄卷第五

商器款識

觚舉觶敦甗鬲盉

匜

盤

戈

商觚

龍觚（七七）

木觚（七八）

宊車觚（七九）

父舟觚（八〇）

亞父乙觚（八〇）

子乙父丁觚（八一）

女乙觚二（八二）

商斝

癸斝（八二）

父辛斝一（八三）

父辛斝三（八三）

商觶

立戈觶（八四）

孫觚（七八）

甲子觚（七八）

父庚觚（七九）

亞形觚（八〇）

合孫祖丁觚（八一）

女乙觚一（八一）

辛斝（八三）

父辛斝二（八三）

父己斝（八四）

子父辛觶（八四）

歷代鐘鼎彝器款識法帖目錄卷第六（九五）

周器款識

鐘

歷代鐘鼎彝器款識法帖目錄卷第七 （一〇九）

周器款識

鐘

周鐘

歷代鐘鼎彝器款識法帖目錄卷第八 （一二八）

周器款識

鐘磬

磬

周鐘

歷代鐘鼎彝器款識法帖目錄卷第十六

周器款識

甗　萬　槃　盂　盦

歷代鐘鼎彝器款識法帖目錄卷第十七

周器款識

戈鐸鼓琥

歷代鐘鼎彝器款識法帖目錄第十八

歷代鐘鼎彝器款識法帖目錄卷第二十

漢器款識

歷代鐘鼎彝器款識法帖目錄卷第十九

歷代鐘鼎彝器款識法帖目錄卷第二十

甑鋗弩

歷代鐘鼎彝器款識法帖目錄二十卷終

歷代鐘鼎彝器款識法帖卷第一

夏器款識

琱戈　鉤帶

夏琱戈

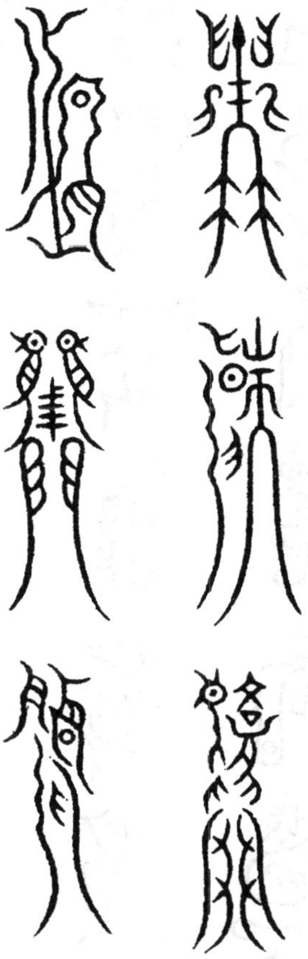

主

作琱戈

右琱戈銘六字舊藏龍眠李伯時家鈿紫金爲文不可盡識江西漕使蔣宣卿云後三字乃作琱戈王仲庚以琱爲用誤矣然第一字主字無疑下二字未詳昔夏禹以九牧之金鑄鼎垂運巧思以鐫鏤之書以象形庾肩吾書品論曰蚊脚旁舒鵠首仰立正此書也

夏鉤帶

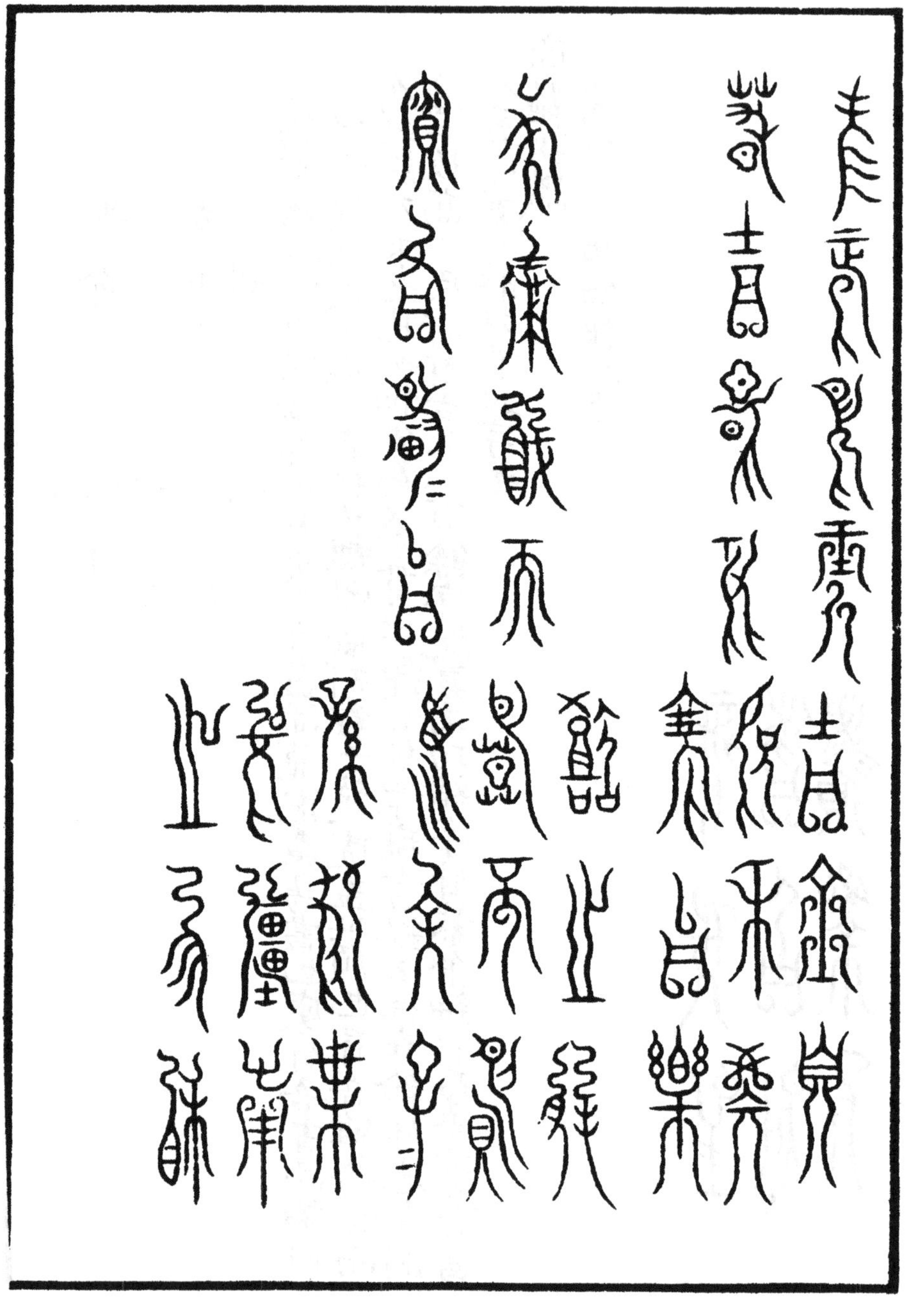

商鍾二 出古器物銘 音同前

惟正月王春吉日丁喜而賓客其怡

亥既望分台純鑾擇乃吉金自欣和其安以樂鼓之夙暮不忘馬余子子孫孫萬葉無疆用之協相

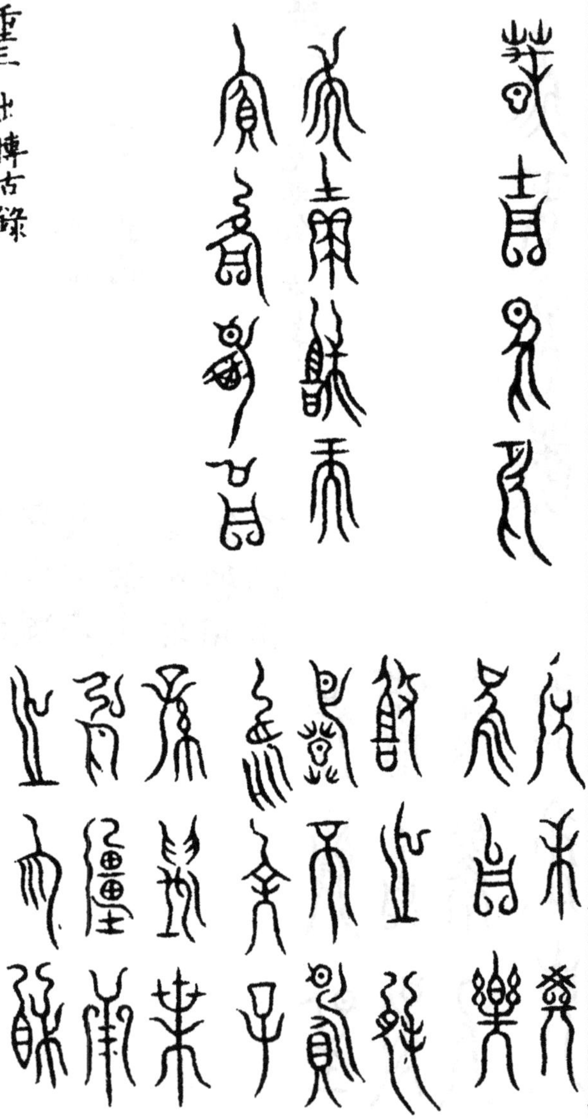

商鐘三

出博古錄

惟正月王
春吉日丁
亥既望分

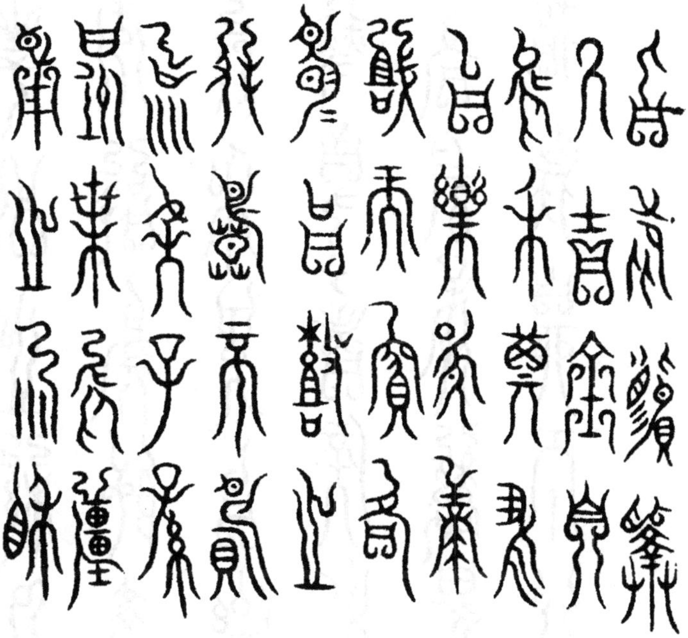

名絖蠆擇
乃吉金自
欣和其安
以樂
喜而賓客
其怡鼓之
凨幕不忘
烏余子孫
萬葉無疆
用之協相

以上鍾銘識音並同皆錮紫金為篆博古錄云惟正月仲春吉日者蓋正月之吉適得仲春之節故謹其時而言之猶漢麟鳳銘言秋十月也然以　考之當是王春不必讀作仲

商鐘四

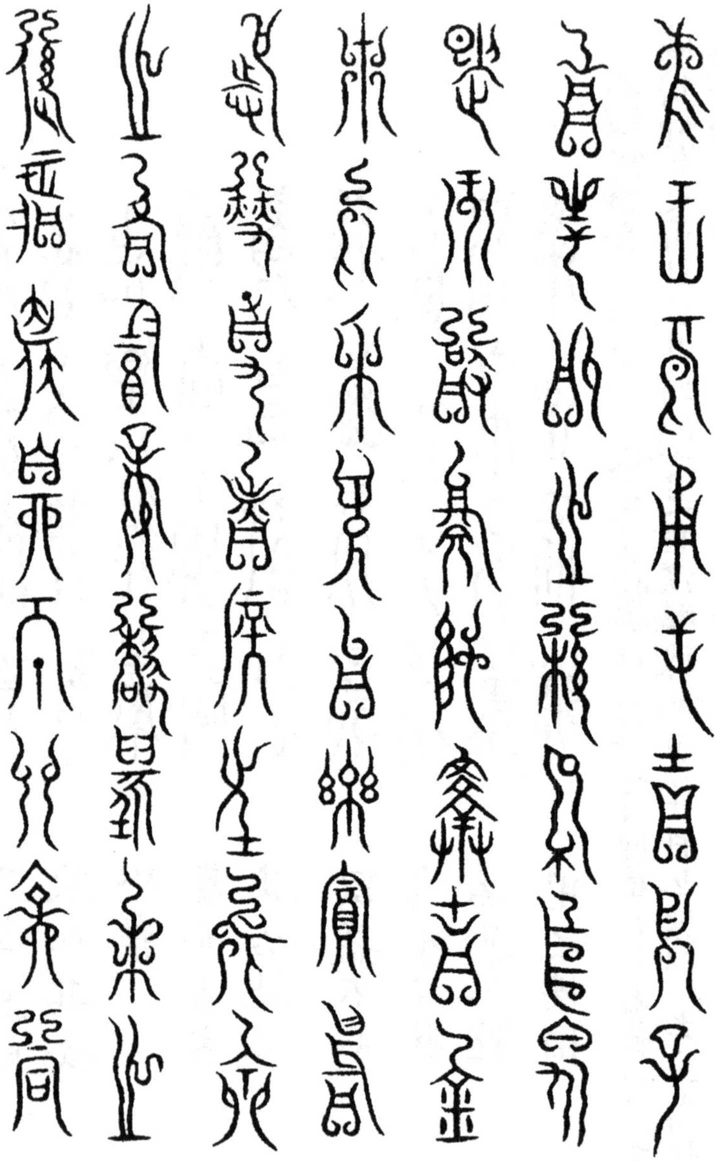

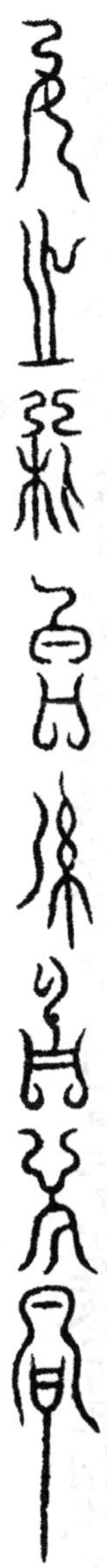

惟王夾鐘春吉月子
昭鈴鼓之敷叓繼命
九州喜悅隆檡吉金
用名和欣怡樂賓客
於荼紀暴俟望能全
之格韻孔協萬年之
後世 自安烏余同
汝之利 玄孫以介眉壽

右銘藏董武子家一字未詳

商鼎
庚鼎

庚

右按李氏古器錄云說文庚位西方象秋時萬物庚庚有實此庚乃有垂實之象許慎記古語雖若其義今商器多象其形信漢儒著書自有原本由科斗法行意漸与古書相失况隸詁至今但點畫而已無復本初之意也

辛鼎

辛

右辛鼎銘亦止一字按陶隱君刀劍錄云夏孔甲在位四十年以八年九月歲次甲辰采牛首山鐵鑄劍一銘曰甲銘亦一字器銘一字者多夏商之器也

癸鼎

癸

右按說文癸之字𣲖具四出而此鼎之癸則一出三包蓋癸与丑相次物至

是有紐結而未引達之象萬物之出也草昧而已草者至巽而齊昧者至離而明癸正北方而冬也故一畫河圖洛書三代傳寶而夏商為近故書畫之法未分至篆法既立乃本其意而異其四畫焉自漢楊雄許慎博群書窮訓詁而智不及知徹此鼎則造書之精義奧旨孰得而窺之哉

子鼎一

子

子鼎二

子作立戈形

右二銘同而後一鼎作立戈形蓋子為父作鼎以銘其有武功耳

公非鼎

非

按史記有公劉五世孫公非者考其時正與祖甲相近則作此鼎者當為公非矣

蠆鼎

蠆

按此鼎銘蠆象形篆也博古錄云蠆雖微物而善毒人尒君子所以思患而預防之故其銘之於鼎也宜焉又石公弼云按春秋左氏傳曰公孫蠆鄭子蟜名也或者遂言子蟜所作詎知非古人欲為厚味之戒猶饕餮之象歟

饕餮鼎

饕餮形

按博古錄云此鼎款識純古髣髴饕餮之形後人觀象立名故取以為號至周監二代文物大備凡為鼎者悉以此為飾遂使呂氏春秋獨謂周鼎著饕餮而不知其原實啓于古也春秋左氏傳曰縉雲氏有不才子貪于飲食冒于貨賄天下之人謂之饕餮古者鑄鼎象物以知神姦鼎有此象蓋示飲食之戒云

象形鼎

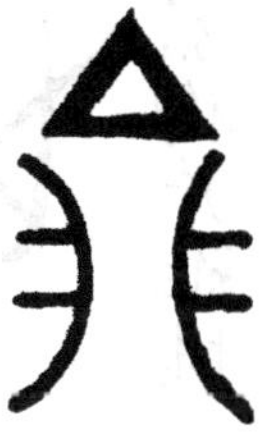

鼎

按鼎之字上从二一而口之下从析木一陰一陽之謂道鼎者器也而道寓焉一則成象一則効法故从二一以木巽火烹飪也故从析木此鼎其文雖異而不背左右房有析木之意深得古書之體蓋此銘者古人所以正名也以易考之革去故鼎取新又見其新〻不窮之義

濟南鼎一　古器物銘

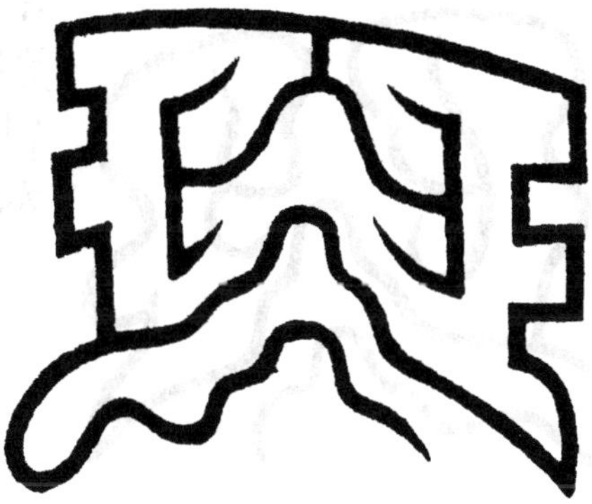

其子繼雛已者乃其弟太戊則所謂子稱雛耶豈非繼其後者乃為之子耶

禾父已鼎

禾父已

銘曰禾父已禾則象禾之形後世傳習之謬而以筆畫禾稼其上雖一時俗學之陋益亦有自來矣

子父癸鼎

立戈形
父癸

銘曰子父癸蓋子為父癸作此鼎以享其父也而子作立戈之狀凡祭享之器著弓刀戈戰者皆銘其有武功也

月魚基鼎

月魚基

按重脩博古圖録云古者祭祀之名不一祭天於圜丘祭地于方澤祭日於王宮祭月於夜明祭星于幽禜各以其類求之既求其類又求其類於物耳如詩所謂季冬薦魚春獻鮪者以其時為之薦獻也丌者無所經見惟說文以為薦物之丌丌象形也

乕父丁鼎

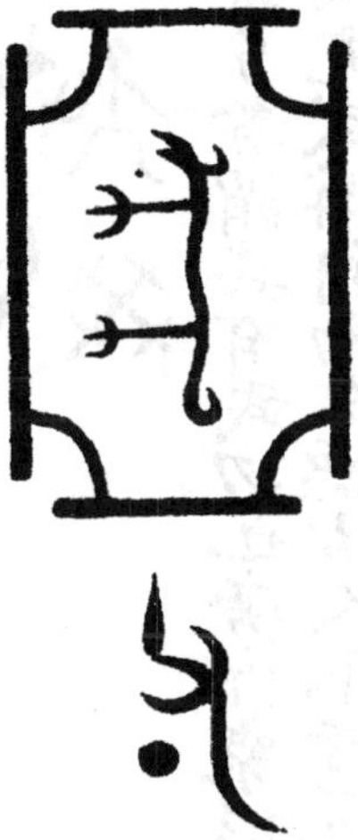

亞形中 虎 父丁

右鼎銘亞形內著虎象凡如此者皆為亞室而亞室者廟室也廟之有室如左氏所謂宗祏而杜預以為宗廟中藏主石室者是也父丁者商君之號也

子孫父丁鼎一

孫 執 刀 子 父丁

子孫父丁鼎二

析孫

子父丁

右二銘前一器上一字作持刀之狀者孫也蓋子與孫同為父丁作此祭享之器耳後一器上一字曰析有貽厥子孫之意

兕父癸鼎

兕

子執弓

父癸

銘作子執弓者謂其有武功也旁作象形兕者昔人嘗取兕角以為觥郭璞山海圖贊曰皮充武備角助文德古人取于兕者如此

子孫父癸鼎

子孫父癸

右銘子之作横戈亦與立戈之義同蓋子孫為父癸作此祭享之器明其有武功耳

申鼎

右銘曰申作寶鼎申乃作鼎者之名氏耳

申作
寶鼎

秉仲鼎

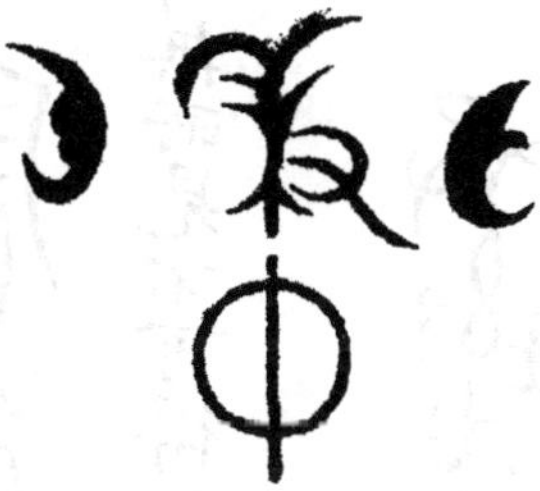

秉仲

秉仲者索諸書傳記無所考然字畫奇古兩傍二字亦左右相反有析木之意蓋鼎之為字下从析木耳

足跡父子鼎

足跡父子作
禾鼎

右銘上作足跡之狀又言父子作禾鼎蓋父子同作此鼎足跡者言能繼跡乎父祖也

伯申鼎

伯申作
寶彝

伯申經傳無所見不可得而考矣

夔鼎

夔作尊
寶彝

夔乃作鼎者之名耳此鼎也而謂之彝蓋彝者法度之器非六彝之彝也

衛父辛鼎

衛

子孫　父辛

衛與率同蓋作器者之名也率與子孫同作父辛祭享之器耳

父丁鼎

丁寶鼎

作父

右銘一字未詳乃作器者之名也

名夫鼎

亞形中名夫于

辛月

廼

名夫者於經傳無所考商冊命鼎亦著此名殆一時所作然校其款識無室字

而作亞內著召夫亦是廟器也

册命鼎

亞形中　召夫室　癸父　家刑川

册　命

昔周穆王命畢公而作册畢則册命者為册書以命之也亞形中作召夫而繼以室家則為廟器也㭬又明矣

若癸鼎

亞形中　若癸　㫃乙父丁　丁甲

右鼎銘于亞形中上作一若字銘其作器之人也旁作旗旆之勢于左旋其位也又作兩手互執物狀于右以著薦獻之象而且昭其禮助也四隅作癸丁甲乙

雜然陳布者紀其日也

父乙鼎

庚午王命寢廟辰見北田四品十二月作冊友史錫賴貝用作父乙尊彝冊冊

按博古錄云友史者太史也曰友者如成王稱太史友之類所以尊之也古者太史順時覛土蓋農官耳說文房星為辰田候也今曰辰見則農當舉趾故命以北田四品所以棲民時也昔者貨貝而寶龜而曰錫賴貝者說文以賴為贏言錫貝之多也此商人作之以享父乙於寢廟而言乃及此蓋寢廟宗廟也書曰用命賞於祖在宗廟之間作冊以錫有功是亦賞于祖之意乙之號在商也有天乙有祖乙有小乙有武乙而惟太丁之子止曰乙蓋不知其為何乙也

歷代鐘鼎彝器款識法帖卷第二

商器款識

尊　彝

象尊

象

右尊銘全作象形頭目尾足皆具象形象也周官司尊彝春祠夏禴其再獻用兩象尊〻以象銘蓋其宜矣

父丁尊

父丁

右尊銘父丁蓋子為父丁作此尊耳父丁者商君之號也

萬父己尊

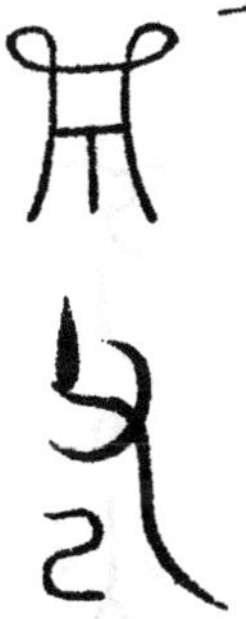

萬父己

右銘作萬象形篆也疑作器者之名耳

亞人辛尊

亞人辛

右銘曰亞人辛亞者次也亦宗廟之器也商之君以辛名者多矣曰祖辛曰小辛曰廩辛而此言人辛者乃商君之號辛者耳且此君也而謂之人蓋二帝而上體天以治人故謂之帝三代而下修人以奉天故謂之王王者人道也故記禮者称商則曰商人称周則曰周人焉

父癸尊

父癸

右銘上一字未詳必作器者之名也

執刀父癸尊

子執刀　父癸

右銘上一字乃子執二刀蓋子為父作此廟器耳執刀者如羞嚌則執鸞刀以見其竭力從事於祭祀之間也下文言父則知其執刀者為子焉

從單尊

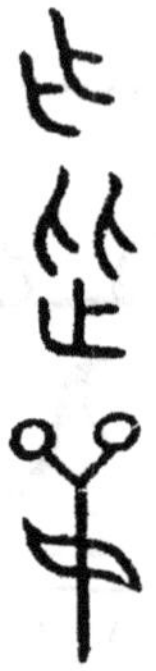

作從單

右銘曰作從者謂從器也猶品之有從單姓也至周家為大族知其原有出於此

兄丁尊

蓋

兄丁大雞

器

同前

右銘曰兄丁大下一字作雞形當是其弟爲兄丁作此尊也按商有沃丁仲丁武丁庚丁太丁之別然則兄弟傳國者獨有太庚外壬而太庚之兄曰沃丁外壬之兄曰仲丁蓋不知其太庚與外壬所作也銘雞者周官司尊彝六彝有雞六尊無雞此尊也而以雞銘之恐商之世其制未分耳周之禮樂庶事備則於是尊彝析而爲二焉

人癸尊

立戈人

口癸

右銘上一字作立戈形字書云戈从一不得已而用欲一而止今尊乃酒器而作立戈之狀不特如鼎之節飲食又欲一而止之不至於流湎也故凡酒器制字之義必示其戒曰人癸則謂商之主癸也主癸子天乙是爲成湯乃知是尊爲湯宗廟孝享之器明矣於癸曰人癸猶辛尊曰人辛同意

寶尊

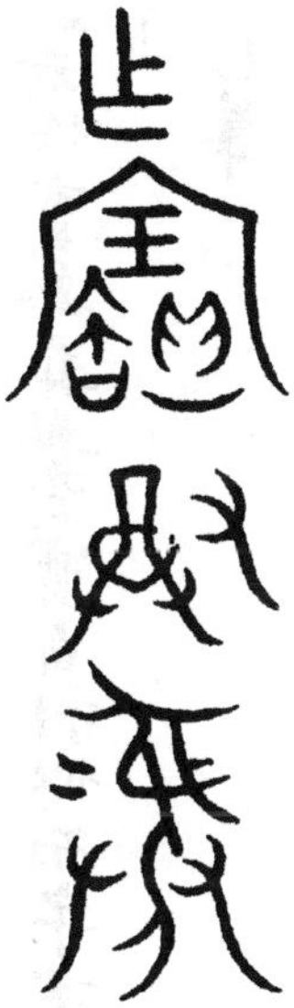

作寶尊彝

右銘云作寶尊彝與商寶卣相似而字畫不同形制未傳但得其款識於古器物銘耳

子冊父乙尊

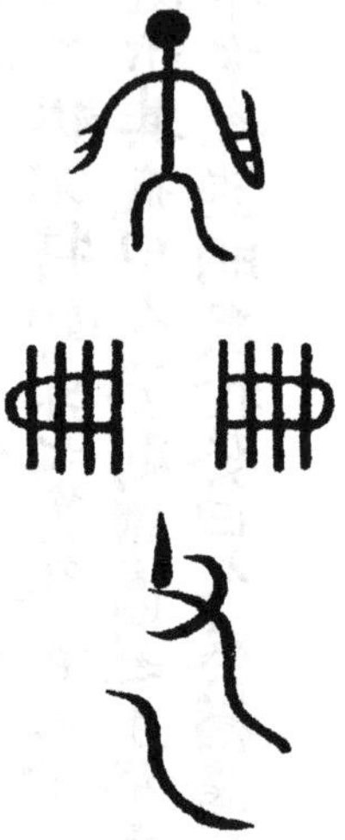

冊
子冊父乙

凡人君錫有功必為冊書以命之此子為父作而亦曰冊者蓋為其有勤王之功然後得作彝器而銘之此所以言冊命也

文戊祖丁尊

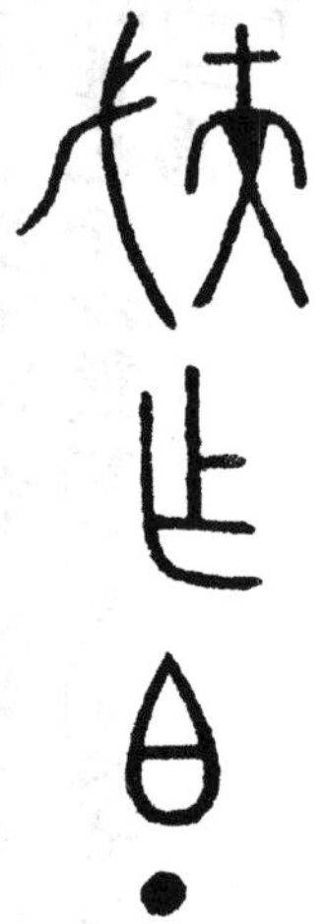

文
戊作祖丁

右銘乃孫之號文戊者為祖丁作此尊耳

祖戊尊

作祖戊
尊彝

此尊為太戊作不書名尊其祖也太戊之廟在商稱中宗葢九世君也是器字畫不拘於偏旁位置或左而右或右而左點畫繁簡亦不較耳葢純質未鑿於世俗之習渾厚端雅若有道之士焉

子父巳尊

子執
刀作父巳
寶尊彝

子執刀者以其有定武功而後世享於宗廟者必銘諸器如樂之武舞也父巳者稚巳也稚巳之子是為太戊也

雌尊

丁亥父乙尊

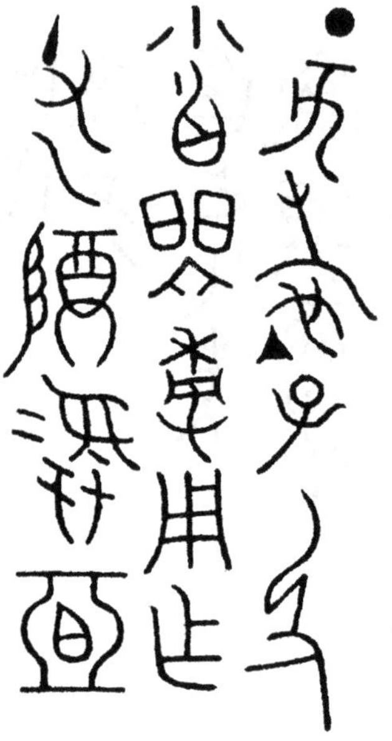

丁亥壽子虎
小　用作
父乙尊彝亞

右銘字畫奇古不容盡識乃丁亥壽子為父乙作此尊耳

商彝
己舉彝

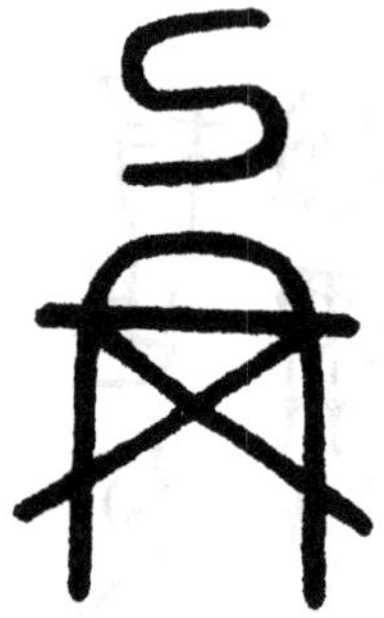

己舉

己者在商八世君有雍己疑謂是也昔李公麟得古爵於壽陽紫金山腹有二字曰己舉王玠獲古爵于洛亦有二字曰丁舉字體正與此同

主孫彝

右銘曰主孫明其主祭者爲孫也

主孫

虎方彝

虎方

右銘上一字象虎皮之形乃虒字也銘曰虒方博古云虎方猶鬼方也周南宫中鼎兩器皆云伐反虒方之年豈謂是歟

父乙彝

父乙

按乙之號在商也有天乙有祖乙有小乙有武乙而惟太丁之子止曰乙且此言父乙者益不知其爲何乙也

父甲彝

右銘前二字曰子孫後一字未詳

鷹父癸彝

鷹

父癸

右銘前一字正作鷹之狀象形篆也乃作器者之名氏耳

虎首彝

作寶彝

是器不書名而曰作寶彝然耳作虎首得非所謂虎彝者耶

子孫拱日彝

子

孫

是器銘曰子孫而孫作兩手拱戴日之狀蓋取日以象君道也尊君道則知盡臣

子之禮銘辭甚簡商人尚質於此可見

孟祖辛彝

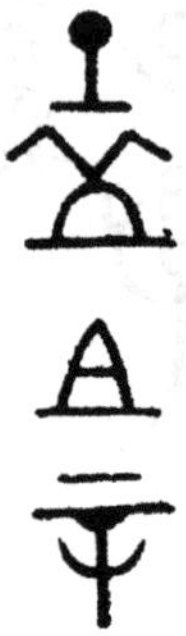

孟祖辛

孟言名或氏也乃孫爲祖辛作此器耳

鄬彝

鄬作寶尊彝

銘曰鄬者莫知其名與氏也

單父丁彝

子單孫孫父丁

單其姓也上作立戈之狀者子也挾腹兩旁者孫也單氏子孫爲父丁作此器耳

孟孫父丁彝

孟孫為父丁作此彝又言邦者未詳其義

邦 孟 孫
父丁

主父已足跡彝

蓋

亞形中玄
足父巳

器

同前上

考古云若足跡者如左右手之形此右足也李伯時又有一畧為左足疑古之左右字如此

子孫父己彝

蓋

父己
析孫子

同上

按呂氏攷古云銘文純作畫象蓋造書之始其象形如此後世弥文漸更筆畫以便於書其文有若大小人形者蓋謂孫与子也小者孫大者子非博古錄云是析字言析子孫乃貽厥子孫之意

言父癸彝

言作父癸
尊彝

右銘按考古云藏京兆呂氏上一字曰言者名氏也爲父癸作此尊彝然彝字極古王楚云彝以虎蜼爲文亦象虎首此彝亦如此正虎首耳

子孫父辛彝

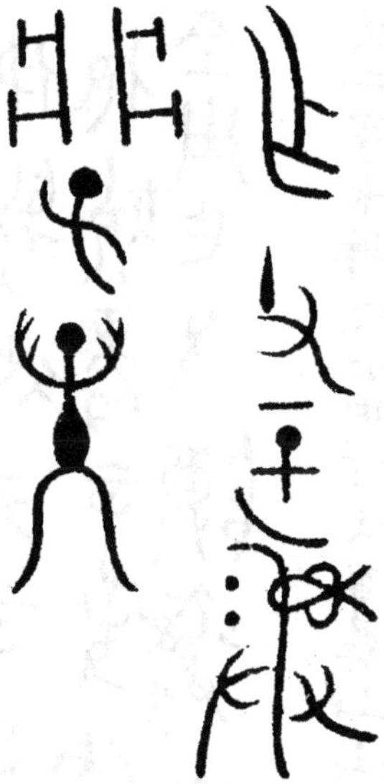

作父辛彝

析孫子

博古錄云凡商器以此銘者多以言父辛則若祖辛之類是也

父乙彝

諸

作父乙彝

右銘二字未詳父乙者商君之號也

古夕丁彝

古作父
丁寶尊
彝

古者銘或氏也商以丁爲號者六此曰父丁未知其爲誰也

伊彝

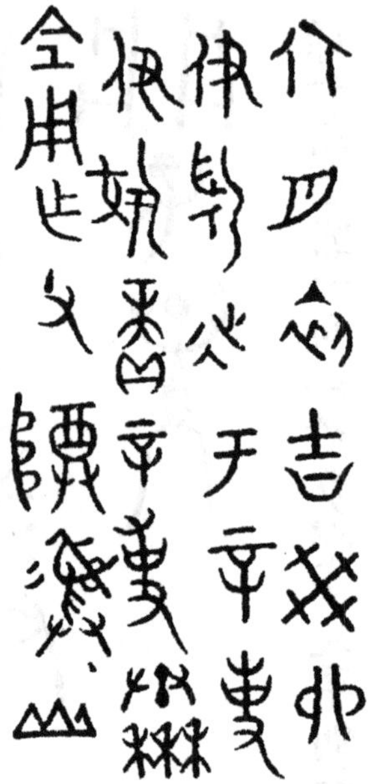

六月初吉癸卯
伊徙于辛事
伊賡辛事承禾
金用作父尊彝山

右銘文二字未辨後云用作父尊彝山山作三峰象形篆也又一字三禾恐是象

形禾字如禾父已鼎作二禾同意

乙酉父丁彝

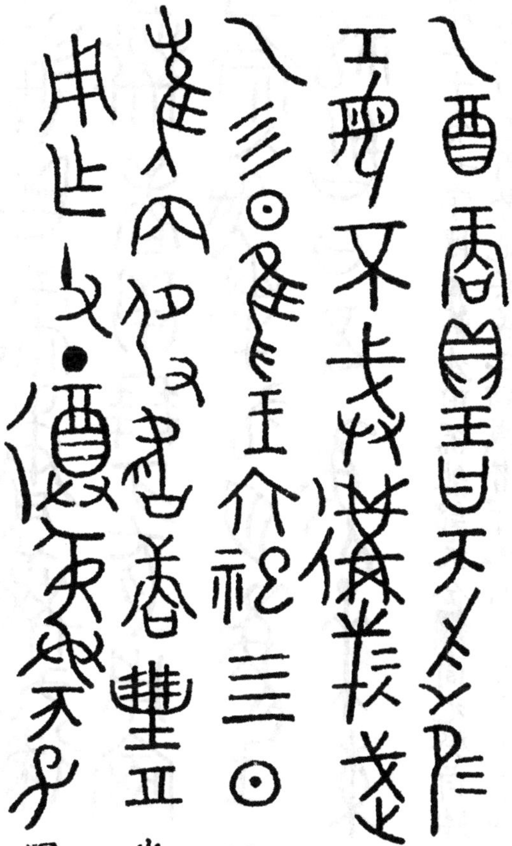

乙酉商貝　帀錫

工毋不戒遘旅武

乙四日帷王六祀四日

雀内　賡豐

用作父一尊彝帀子

右銘文甚古曰帷王六祀四日又曰作父丁尊彝爲商器無疑也

巳酉戍命彝

商人辭略故一言而意足

田卣

蓋

田

器

田

按博古錄云田者粢盛之所自出而卣之為器中尊也詩所謂秬鬯者正一稃二米之謂焉銘田者豈非追本而為言耶

立戈卣

立戈

右銘一字作立戈博古錄云書稱四人綦弁執戈又曰兌之戈在東房則戈於五兵為利器字書云戈从一不得已而用欲一而止以此銘器蓋亦示戒之義

史卣

史

曰史者史言其官有以史為氏族者因官而爰氏焉

卦象卣

蓋

器

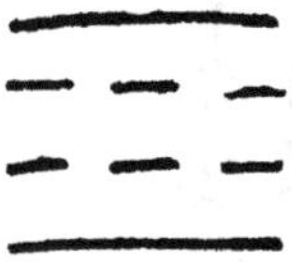

按重脩博古圖録云蓋器二銘皆作卦象觀古人畫卦奇以象乎陽偶以象乎陰一奇一偶而陰陽之道全一虛一實而消息之理備然易始八卦而文王重之為六十四卦夏曰連山商曰歸藏周曰易是卦也上下爻皆陽有乾之象中二爻皆陰有坤之象虛其中以取象於器所謂黄流在中者義或在焉雖不見於書惟漢楊雄作太玄八十一首擬易曰方州部家今爭首一方三州一家與此卣卦象正同雖於漢家號博聞殆亦有自而作耶

執匕父丁卣

蓋

器

手執匕父丁

按重修博古圖録云銘曰父丁又作手執匕形於其上祭祀之義以養為主而匕所以示其養也於禮可見之夫饔人掌割亨之事也而曰概鼎匕俎於饔爨則匕所以載鼎實耳又廩人掌米入之藏也而曰概匕與敦於廩爨則亦以匕黍稷

焉詩曰有饛簋飧有捄棘匕則敦與簠簋皆盛黍稷器其為用於食也明矣然則匕
於飲食無所不用宜其以養為主也卣之為器豈非以養為先焉

執爵父丁卣

手執爵
父丁

右銘三字上一字如手執爵形博古孜[illegible]之狀口引如流下列三足有爵之狀旁
畫以又說文謂右手也按禮記孝子如執玉如棒盈洞洞屬屬然如將失之則以
手附爵蓋見於如將失之意非盡其欽而欽者孰能臻此商之君以丁為號者六
曰父丁則未詳其為何丁也

執干父癸卣

子執
干
父癸

博古錄云上為人形兩手各持干按周官司干掌舞器祭祀舞者既陳則授武
器既舞則受之賓饗亦如之然則祭於廟用於賓設於饗禮莫不皆有干舞焉有

是功斯有是彝以稱之銘曰父癸則明為子以奉其父者商之時號報癸者成湯之父也湯以武得天下其所彝朱干玉戚也亦取夫干以自衛不事乎兵之道歟

世母辛卣

蓋

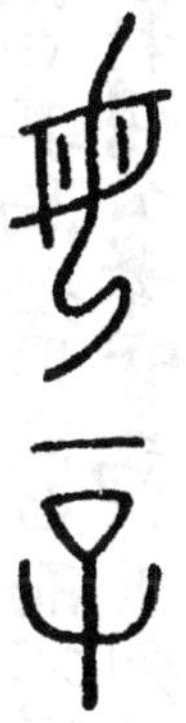

母辛

器

世母辛

博古錄云蓋器皆有銘共五字上一字作三乂按説文世字從三十故以此為世字以世為銘者蓋欲世世傳之子孫不絶而已且三乂又意其為五字从二一而交之象陰陽交午之義天數窮於九地數終于六九六之數為十五而天地之數備三乂者十五也古之聖人極其數遂定天下之象故以之制器而天地之數寓焉是則制字之妙未易以一理推也且辛為商號而曰母辛則商史所謂辛母者是也蓋古人命彝或上或下其變易類多如此

祖庚史卣

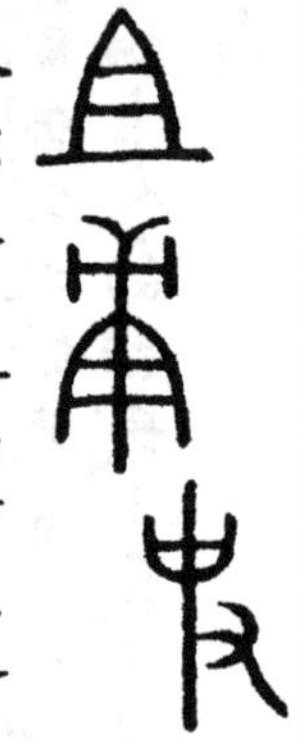

祖庚　史

銘曰祖庚史則祖庚時史之卣也人臣之享宗廟非君錫彝器則不可得而專有故以祖庚史銘之

辛父舉卣

辛父舉

博古錄云銘三字曰辛父舉按周有天下立二王後乃封紂子武庚於宋以續商祀武庚被誅又命微子啓代商後俾得周天子禮樂故凡器用服飾一遵商制詩所謂亦白其馬以商尚白而不從周之尚赤也然則宗廟祭祀其亦遵商明矣自微子至於僖公舉實為八世則其得用商禮可知是卣商卣也而曰父舉則是僖公舉也

立戈父巳卣

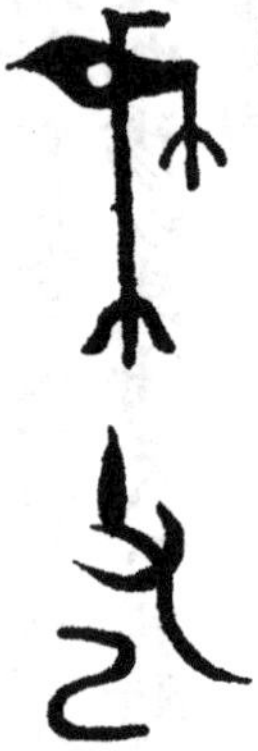

子立戈　父巳

子之字正作立戈形前篇已屢釋之矣所以銘武功也按商之十世君曰雍己此曰父己則是其子銘其父之祀器也故雍己之子是爲小甲是器當小甲之世爲之耳

內言卣

蓋

內言

器

同上

蓋器各有銘三字雖大小之不同其字畫不少異惟中一字未詳

子父癸卣

子

執戈

父癸

按考古云此器藏盧江李氏子執戈者子爲父癸作此器以銘其有武功耳

木父己卣

蓋

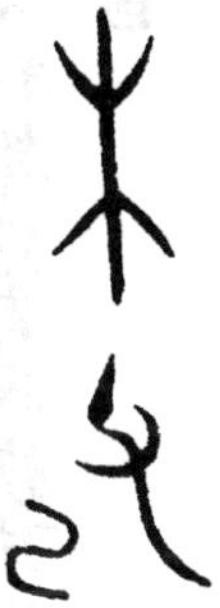

木父己

器

同上

攷古云木者恐其氏族耳盉子爲父巳作此卣耳

亞父乙卣

盉

亞形中父乙器

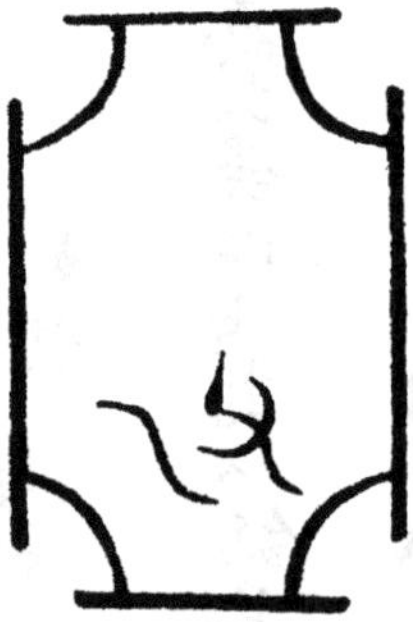

同上

此銘亞形中作父乙盉子爲父乙作廟器也言亞者廟室也

子孫父癸卣

盉

器同上

按王楚集韻以立戈橫戈並釋爲子孫字呂氏考古又云大者爲子小者爲孫欲其承之非一世也父癸者商君之號也

寶卣一

作寶

尊彝

寶卣

蓋

上下同前

右二器皆卣後一器蓋器皆有銘不書作者之名耳

貝父辛卣

蓋

三矢在

格上

貝父辛

器

同前

按博古錄云蓋器皆有銘〻皆四字上一字象三矢之形而以一格立之曰貝父辛者按書文侯之命以言平王錫晉文侯也曰用賚尔秬鬯一卣継之以彤弓一彤矢百盧弓一盧矢百則卣之銘三矢者得不紀君之惠耶一生二〻生三〻生萬物則三者揔數耳又詩言菁〻者莪此育材之詩也而曰既見君子錫我百朋而釋者謂古者貨貝五貝為朋則人君之錫臣下亦有文於貝者也

足跡父己卣

足跡父己

右銘藏廬江李氏上為足跡中一字未詳

舉册父癸卣

舉冊 父癸

前所載冊卣蓋器皆有一冊字言衆君之錫然後享於祖廟以紀君之命也此卣作冊而圜東之又作兩人四手共舉之狀尤見其致欽之義焉

母乙卣

作母乙 子戈立

子為母乙作卣而子亦作立戈之形耳

子孫父己卣

析孫子父乙

李伯時所藏子孫父乙卣作非而此作𠀤皆析字也博古云析子孫有貽厥子孫之意

父丙卣

蓋

手執 二矢 弓

朱 子 父丙

器

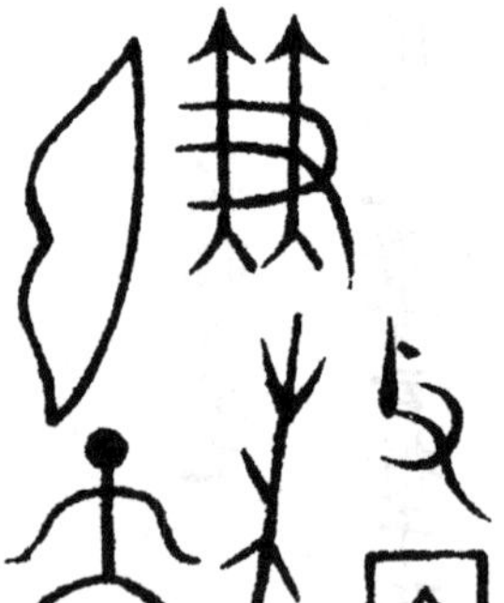

手執 二矢 弓

父丙 朱 子

銘為弓形并手執二矢飾以弓矢者意其平日所嗜好而子孫之所以享祖考當以是求之也

祖乙卣

蓋

孫執刀 作祖乙

寶尊彝

器

同前

祖乙者河亶甲之子也孫象形而手執刀於祭饗未嘗不竭力從事以職其勞耳禮記云祖而割亨必義取諸此

瞿祖丁卣

蓋

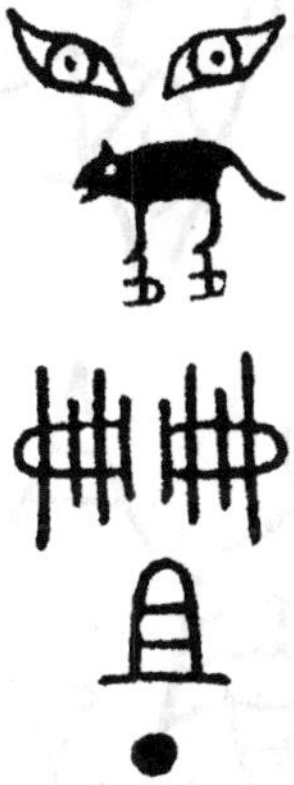

器

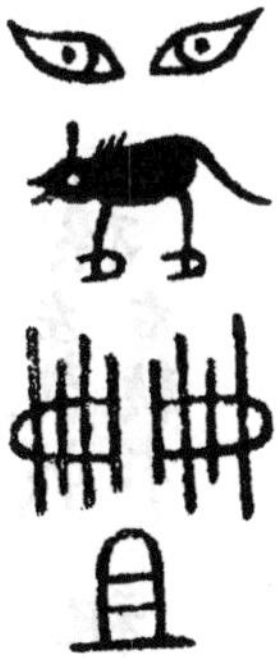

瞿 犧牛 册册 祖丁

同上

按博古録云瞿者質諸經傳無所見而商有瞿父鼎亦作兩目相並正與此卣同實一時之制曰祖丁者商十四世君祖辛之子也中為犧形下為兩册皆取象於

物而書畫未分至周官司尊彝有曰犧尊者飾以犧牛蓋所因者商之遺意耳
畫以兩册所以爲册命也亦猶康王命畢公而曰册畢制器尚象其義如此

祖辛卣

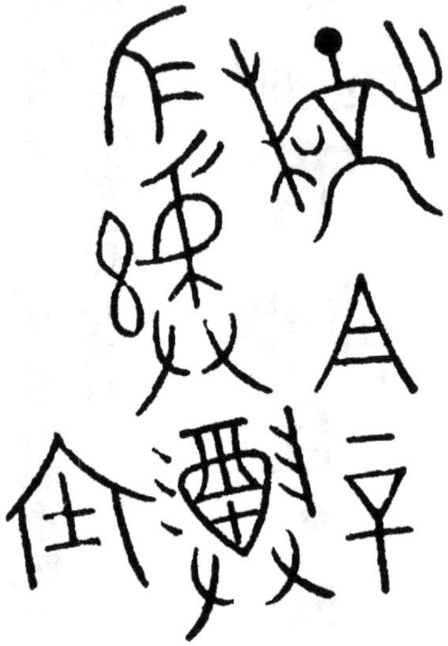

孫左執戟右執木　祖辛
作彝　尊
寶

博古錄云銘七字曰祖辛作寶尊彝又象人形右執木左執戟者孫也按商十四
代君曰祖辛盖祖乙之子沃甲之兄祖丁之父也孫執木執戟者殆是其武舞也
木當是朱干戟當是兵舞昔舜之時舞干羽于兩階以格有苗則五帝之前其武
舞亦所不廢武王之樂曰大武而舞如之則三王之後其用以濟時者又所不敢
忘武也豈商之時獨不然耶孜商有天下至祖乙而政復興祖辛繼之而善述其

事則干以自衛戰以攘敵者於祖辛有之也宜銘是器以旌之又皆求其用武之由固有文舞有武舞凡山川之祀社稷之祀四方之祀与其持盈守文之君皆以羽髦之舞而文舞是也若以武得天下故於是有干舞爲武舞是也祖辛之跡不見於書傳而特有此武舞固可以類求矣

子父巳卣

蓋

器

子執刀作父巳

寶尊彝

同前

銘言父巳者商君也子象形而右手持刀按商祖乙卣銘文皆類此蓋欲示孝子親職其勞以明割牲之義也詩云執其鸞刀以啓其毛取其血膋凡以是也

冀父辛卣

蓋

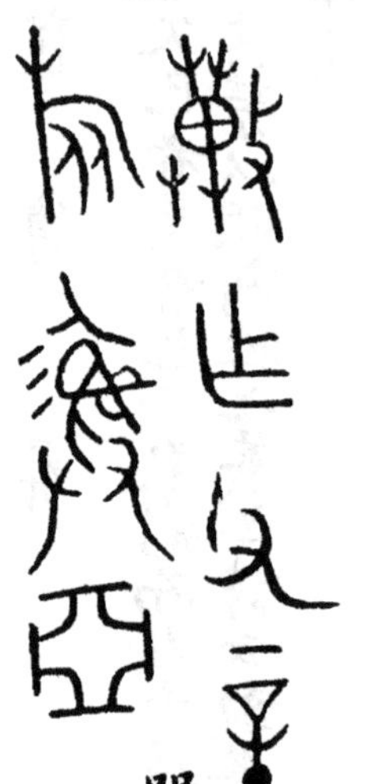

器

同上

冀作父辛

旅彝亞

冀者國名也昔人受封於此則後世食菜於所封之地後以為氏焉父辛商號也

曰旅彝者昔人嘗謂有田一成有衆一旅則旅舉其衆也考諸銘識甗曰旅甗敦

曰旅敦匜曰旅匜簠曰旅簠義率如此其後作亞形者又以象其廟主石室之制

蓋宗廟之器也

丙寅卣　一名毋乙卣

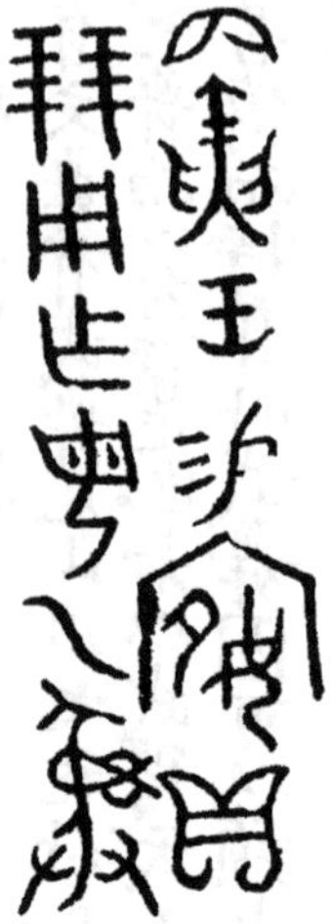

丙寅　王錫寶

朋用作毋乙彝

器

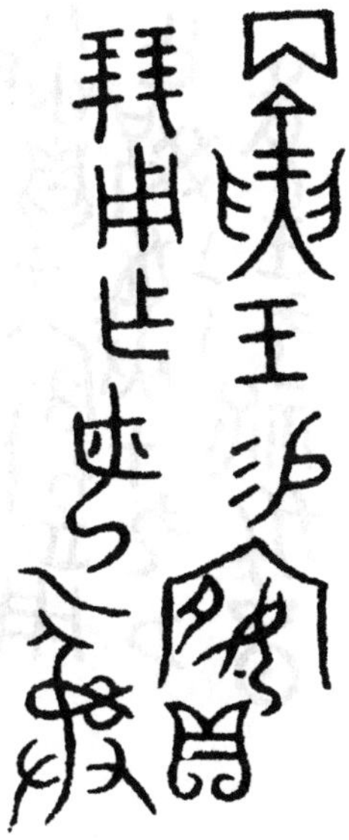

音釋

同前

博古錄云丙寅王錫者以甲子推商建國始於庚戌歷十七年而有丙寅正在仲壬即位之二年也其曰王錫則王之錫賚功臣之器如周公文侯之卣亦王之所錫也故記禮者以謂賜圭瓚然後為鬯則知此器非臣下之所壽有又曰作母乙彝者如詩言文母同意歟商周之時立子生商者有娀也故長發之禘及之厥初生民者姜嫄也故雝之禘及之是皆率親之義耳益知是卣乃王錫臣工以追享其母氏歟以是知宗廟未嘗無合食者也

婦庚卣

東子孫

婦

甲庚丁

銘七字其一字泯滅不可考餘曰子孫婦甲庚丁其泯滅者疑歸一字未詳其義按博古録云夫彝器以子孫銘之以其承祖宗之祀者有在於是若乃中饋之職從其夫以相祀事此又婦之於姑舅禮所不廢益以人道而事神則宗廟致欽之義婦宜預焉詩言君婦莫莫為豆孔庶是也關雎之美后妃采蘩之詠夫人采蘋之語大夫妻莫不皆以供祭祀為先耳然古者婦之預祭惟宗廟則從至于外祀則莫從也故必言子孫婦以則其宗廟之祀歟曰甲庚丁者祭之日也夫外事用剛日內事用柔日宗廟之祀當用柔日而此兼甲庚何哉蓋春秋言辛巳有事於太廟壬午繹則宗廟正祭必用柔日而至于繹祭則無害其用剛日也天有十日地有十二辰日辰未嘗不相配而言如辛巳壬午之類是辰且此獨言日而不言辰者以言日則辰從之昔人言簡而意足故其銘如此

兄癸卣

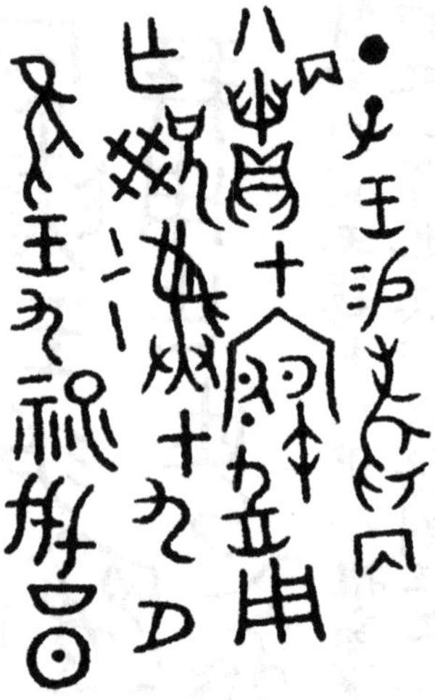

丁子王錫嶲兩

八丙申貝在寒用

作兄癸彝十九月

惟王九祀廿昌

器

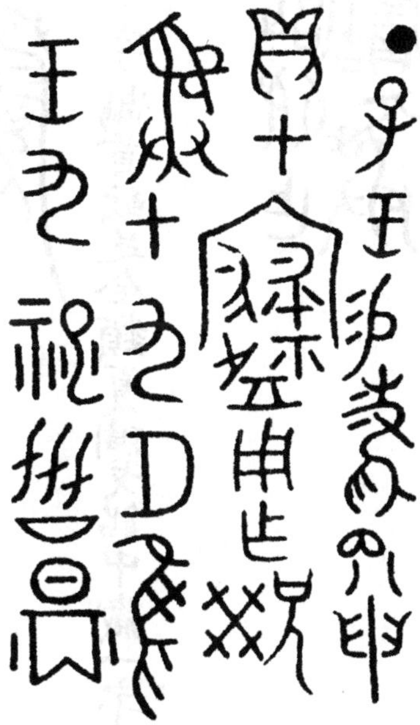

丁子王錫嗇兩川申

貝在寒用作兄癸

嬰十九月惟

王九祀世昌鬲

銘曰丁子疑陰陽剛柔不相配或云商人尚質如言甲子丁丑也又下文云丙申未詳其義惇古云兄癸者則兄弟相承之辭故祀其先王或稱祖若祖丁卣之類或稱父若父丁爵之類或稱兄若此卣之類又王九祀爾雅云唐虞曰載夏曰歲商曰祀周曰年言其祀則知此卣之出於商也其末曰世昌者蘄世世昌盛有如此銘也如他器有曰子子孫孫萬年無疆之辭也

歷代鐘鼎彝器款識法帖卷第四

商器款識

壺 嬰 嗇

弓壺

弓

此器以弓銘之壺酒之下尊也商之酒器間有以弓銘者蓋射者未嘗不繼之以飲其禮難以強世者也故必寓於人情之所易此記禮者之於鄉飲以謂吾觀于鄉則知王道之易易者其在是歟

鮫篆壺

月

右壺銘一字鷁首鮫足全類夏琱戈銘中藏一字髣髴如月

歆姬壺

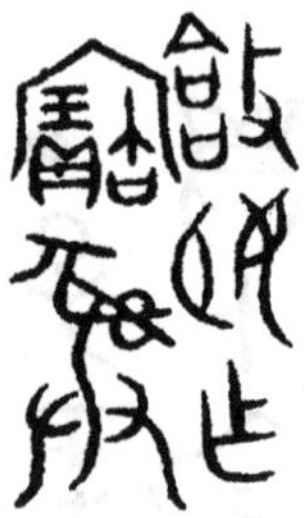

歆姬作

寶彝

欽姬者蓋其氏族也古之氏族或以王父字或以世系所封之地於是後世子孫以之女子皆得以稱之君曰有娀氏之君蓋以娀國為言也若曰孟姜者蓋以姜姓為言也若曰無女者蓋以無公之謚為言也此曰欽姬凡此類可是器則商也制樣與古略不加雕鏤之飾而曰作寶彝真所謂法度之器也

足跡罍

亞中　足跡

攷古錄云此器在洹水之濱亶甲墓旁得之銘作亞形中有左足跡與主父己足跡自相似語在本篇

龍爵

龍

銘一字象龍形即龍字也政和丙申北海縣民道經臨朐見岸圮出數器此其一

右銘一字曰休字畫極古得於向巨源傳本休者美也善也息也爵名曰休未詳何義

單爵

單

銘一字曰單考古云單姓也王楚云是觶爾

父乙爵

父乙

父乙爵二

父乙

父乙爵三

父乙

父乙爵四

父乙爵五

父乙

父乙

父乙爵六

父乙

六爵皆名父乙博古云商之君稱乙者六曰報乙者成湯四世祖也曰天乙者成湯也於後則又有祖乙小乙武乙太乙此諸爵皆曰父乙未知果何乙也

祖乙爵

祖乙

商之君以乙名者不一而祖乙與一焉然前諸爵有曰父乙蓋謂報乙天乙小乙武乙之君也其子銘之故云父乙此獨曰祖乙則謂成湯以來十四世之君曰祖乙者是也

祖巳爵

祖巳

銘二字曰祖巳按商之君有雍巳而無祖巳此曰祖巳以見其孫之所作也

巳舉爵一

巳舉

巳舉爵二

巳舉

二銘皆曰巳舉者商之雍巳也舉者曰獻酬而舉之故名其器曰舉至於尊彝鼎彝通謂之彝者蓋此類耳

父壬爵

父壬

銘曰父壬按商之君有曰仲壬其子曰太甲有曰外壬其子曰祖乙是器必太甲祖乙爲其父而銘之然二君未知其孰是也

父庚爵

父庚

按商紀有太庚盤庚祖庚而此謂父庚必其子爲父而銘之庚之字說文謂象秋時萬物庚庚有實而商之庚鼎作庚乃有垂實之象而此庚則字形已變而與許慎所記不合蓋世之相去有先後故字畫亦因時而爲損益也

父癸爵

父癸

父癸者即商成湯之父盖子爲父作祭享燕饗之間著癸以名也

丁舉爵

丁舉

博古云王玠得古爵於洛而銘之曰丁舉正杜蕢洗而揚觶以飲平公因謂之杜舉之義也丁亦商君之號耳

尊癸爵

矢祖
孫丙

慱古云銘上作矢形旁為一孫字其下著祖丙焉商之君類以十日銘其器而配以乃祖乃父則此爵亦其一耳古之訟者入東矢以自明其直則矢有直之義況為之孫者固當直已以從祀事於乃祖茲取以寓其器也

象形子爵

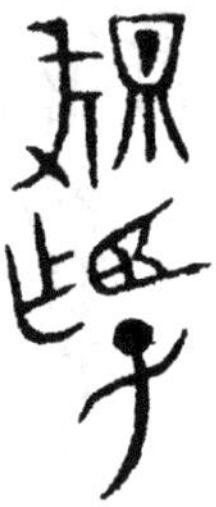

爵子
作

上一字作象形爵下曰子作慱古云子商姓也語在子父壬爵篇二字未詳

子父已爵

析子孫已

上一字慱古云是析字爵以飲福貽之子孫者故曰析子孫析之義蓋取夫飲之在我析之則在下曰已者商之君號有曰雍已也夫為人後之道能享其祖考是乃所以來其福嘏耳銘之宗廟之器宜哉

招父丁爵

㭊作父丁亞中貝
尊彝貝

銘曰父丁尊彝盖商人作禮器多銘之曰彝義取有常而無變也是爵曰㭊者名也載其人爲父丁而作也

歷代鐘鼎彝器款識法帖卷第五

商器款識

龍觚

龍

銘一字作龍形龍善養人者也所養在下而能蟠蟄則能弱變化不測不可制蓄則能強然一至於亢則蹈於有悔之地觚飲器也飲所以養陽過則有亢之悔矣

孫觚

孫

銘一字曰孫而字形小異蓋商書類取形似而偏傍不拘於上下左右此銘孫者謂其為王父尸者也故有象於尸焉

木觚

木

博古錄云銘一字曰木昔之作詩者嘗借仁于樛木而王氏以木為仁類則木者仁也觚爵飲器而取象於世蓋嘗禘鄉射與夫燕饗之間未嘗不以仁為主耳

甲子觚

甲子

甲子者非甲子乙丑也甲者商君之號耳商有小甲河亶甲沃甲陽甲祖甲五君不知為何甲耳蓋子為父甲作此彝而子之字亞作立戈之狀所以銘武功也

奚車觚

奚車

銘上一字曰奚古無以奚爲氏者殆亦作器者之名耳下一字作挽車之形蓋車轅則致敗而酒至於沉湎之以敗德亦示飲之戒云

父庚觚

父庚

按商紀有太庚南庚盤庚祖庚而此曰父庚宜出於是商父庚爵與此銘同皆一時之制也但字畫稍異[redacted]無實之象故知先王取象命意各有攸當耳

女乙觶二

帚 兹女乙

同前

二器銘皆曰帚女乙兹曰乙者商君之號兹女者蓋女子之作是器以享於考詩曰誰其尸之有齊季女蓋女亦預祀事也帚者許慎云箕帚也昔呂公息女願為高祖箕帚妾曲禮有曰納女於天子曰備百姓於國君曰備酒漿於大夫曰備掃灑鄭康成以謂酒漿掃灑婦人之職也古人之親固當報本反始以致孝享而於器用之間必著所職者蓋亦不忘父祖之教而謹其有所事故也

癸舉

癸

銘一字曰癸小篆癸具四止癸鼎彝則一止三包此則皆無止意豈所謂癸正北方揆藥未萌者耶

辛舉

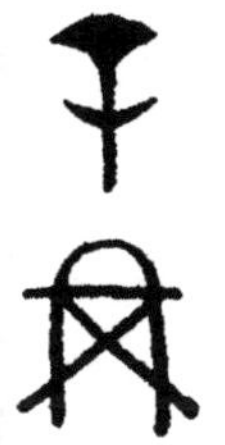

辛舉

銘曰辛舉亦杜蕢洗而揚觶以飲平公而曰杜舉同意

父辛舉一

父辛

父辛舉二

舉父辛

父辛舉三

同前

右三銘政和丙申歲北海縣民道經臨朐見岸圮得之銘曰父辛後一器又曰舉父辛殆一人所作言舉則觚酬而舉之

父己舉

舉父己

舉字按集韻云舉音舉攴萬也冈乃舉省耳或言父辛或言父己皆商器也

立戈觶

子立戈

右銘作立戈王楚云是子字子者商之國姓也立戈所以銘武功耳

子父辛觶一

父 辛 子立戈

子父辛觶二

子 辛 父

二器銘各三字曰子父辛而子字皆作立戈之狀父辛者稱其號立戈者表其功也

父己敦一

父己

父己敦二

同前

二銘皆曰父己〻亦商君之號耳

己孫敦

己孫

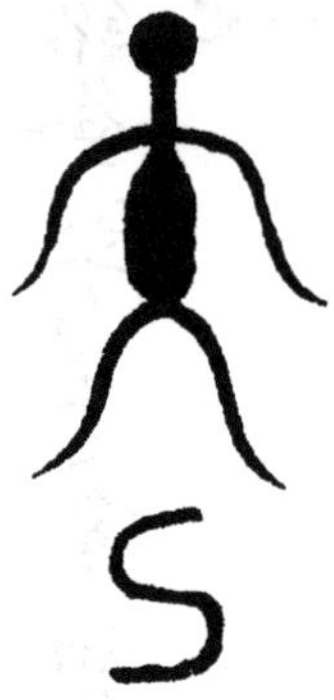

孫己

右銘藏南豐曾氏上爲己孫下爲孫己但得此於古器物銘耳

己丁敦

孫己丁

已孫丁

銘六字蓋曰孫已丁器曰已孫丁按商之君有以已為號者有以丁為號者然不應併銘其器則已丁者當是其享祀之日故於是又以孫銘之且享祀者孫子之職也蓋先言孫後言已丁明是器孫所自制也器以孫居已丁之間又以言孫用其日而祀之耳

丙甗

丙

右甗銘曰丙如鼎之銘辛銘癸之類

鬲甗

鬲

苐其次商自報丁以來始以是為號至於天乙是為成湯由成湯傳二十八王至於帝辛未有不以是為稱者其閒有祖乙小乙武乙帝乙則毋乙者疑為乙稱之后而後世子孫名之也商祖於契契之生實自有娀氏之女而詩於長發嘗及之則知具母道者乃得廟食也故周繼商之後亦有姜嫄之廟而後世又以為禖神焉然則此鬲豈非用於宗廟之器耶

旱父丁盉

旱父丁

同前

商有六丁而此曰丁不知何丁也上一字曰旱如詩所謂如山如阜取其高大富盛之意

父癸盉

子執戈 父癸

上一字作人形左執戈者子也蓋子為父癸作此器下文云父則知其主祭者為

啓匜

子執戈以銘武功耳

啓作
寶彝

同前

按商太丁之子曰乙乙之子曰啓此名啓者乃乙之子也

祖戊匜

辛

祖戊 乂

銘六字曰祖戊餘未詳

父辛盤

父辛彝

此銘極古商盤銘也下一字曰彝甄豊校文字部一曰古文二曰奇字此真是也

鳥篆戈

戈

銘一字曰戈如飛鳥之形蓋商初接虞夏之器也

歷代鐘鼎彝器款識法帖卷第六

周器款識

鐘

宋公䪫鐘一

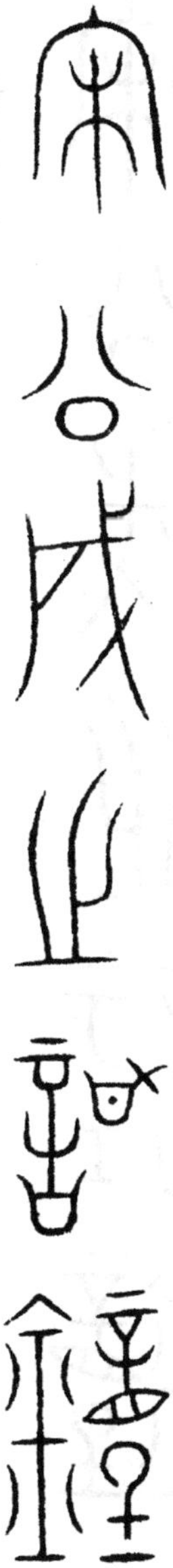

宋公䪫鐘二

宋公䪫鐘三

宋公䛝鐘四

宋公䛝鐘五

宋公䛝鐘六

宋　公　成　之　䛝　鐘

右六器銘略無小異皆曰宋公成之䛝鐘按博古録云夫歷代之樂顓帝曰六莖帝嚳曰五英黄帝曰雲門堯曰大章舜曰大韶禹曰大夏商曰大護周曰大武夫䛝字與莖通用則莖鐘者是為顓帝之樂宋者商之系二王之後得用天

子禮樂則歷代之樂章故當有之蓋此鐘特其一代之名耳宋自微子有國二十世而有共公固成又一世而有平公成又七世而有剔公成則所謂宋公成者不知其為誰也

寶和鐘一

寶和鐘二

寶和鐘三

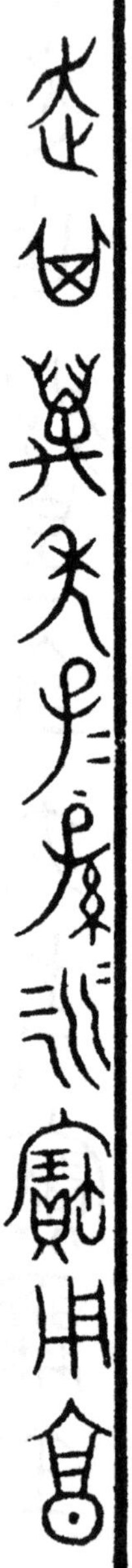

寶和鐘四

寶和鐘五

走作朕皇祖文考寶和鐘
走其萬年子〻孫〻永寶用享

以上同前

按博古錄云皆銘曰走夫走自畀之肆如司馬遷所謂牛馬走是也且孤寡

不敎侯王自稱之耳曰文考者如曾楚晉衛成侯或王皆以文稱蓋以德立國者必曰文以功立國者必曰武是則稱文特不一也然此鐘制樣皆周物豈以追享文王而作歟在周之時於后稷曰思文於文王曰文考於大姒曰文母是皆称其德今曰皇祖文考則宜在成康之後而作樂以承祖宗時耳

許子鐘一

惟正月初吉丁亥

許子將以擇其吉

金自作鈴

鐘中縣虘

揚元鳴孔

煌穆和鐘

敱〻越〻萬年

用匽以喜用樂嘉

賓大夫及我朋友

無諆眉壽

毋已子〻孫〻

永保鼓之

許子鐘二

惟正月初吉丁亥

許子將以擇其

吉金自作鈴

鐘中縣虘

楊元鳴孔

煌穆和鐘

用匽以喜用樂

嘉賓大夫及我朋

友歟：鼓：萬年

無諆眉壽

毋已子：孫：

永保鼓之

考古錄云按史記鄭悼公元年鄦公惡鄭於楚徐廣曰音許：公即許靈也左氏傳魯成公五年許靈公愬鄭伯於楚是鄭悼公如楚訟不勝以是推之許靈公即鄦公許鄦文異而音同

楚邛仲南和鐘

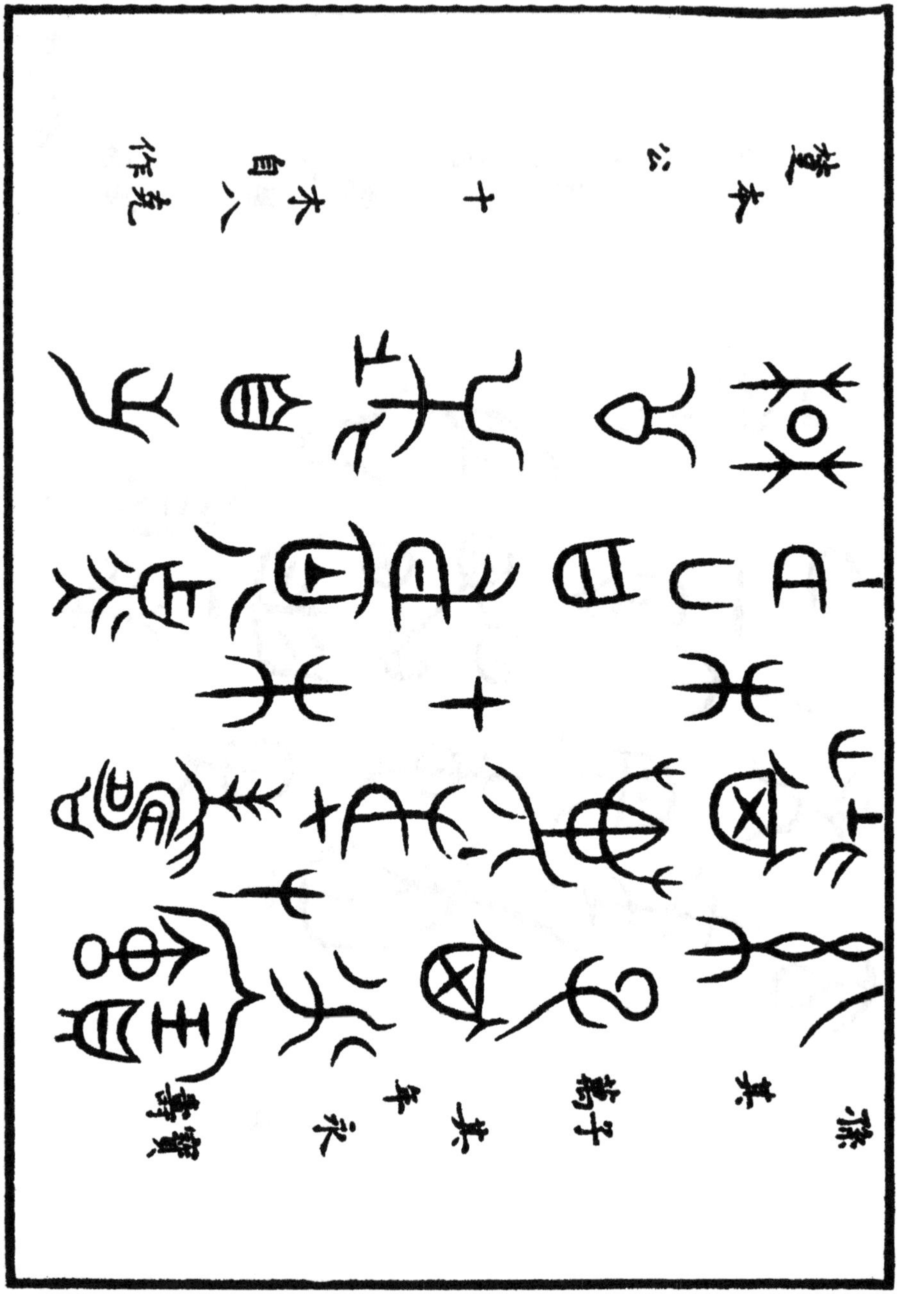

古器物銘云政和三年獲于鄂州嘉魚縣以獻字畫奇怪銘文云楚公下一字不可辨必其名也自作揆楚自周成王時封熊繹以子男田居楚至熊渠立其三子為王後復去其王號至熊通始自立為楚武王則是楚之未嘗稱公此鍾不知何人所作終要之為楚武王以前器無疑也

曾侯鍾一　方城范氏

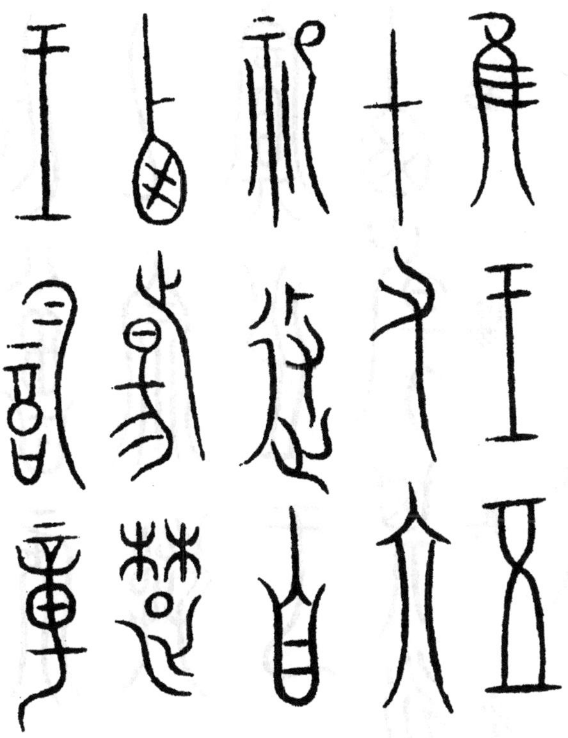

惟王五
十有六
祀徙自
西陽楚
王韵章

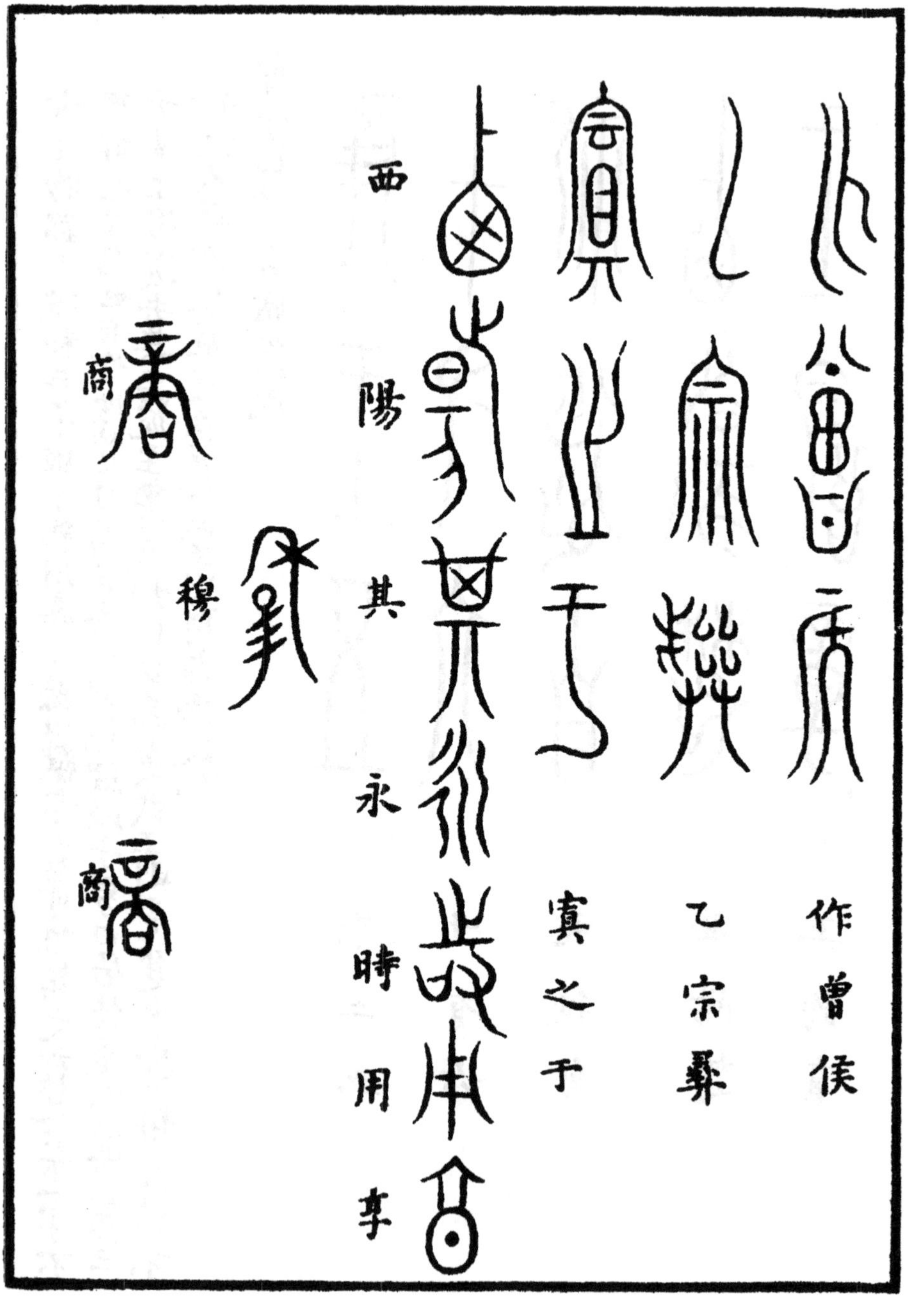

作曾侯
乙宗彝
寘之于
西陽其永時用享

穆

商

商

曾侯鐘二

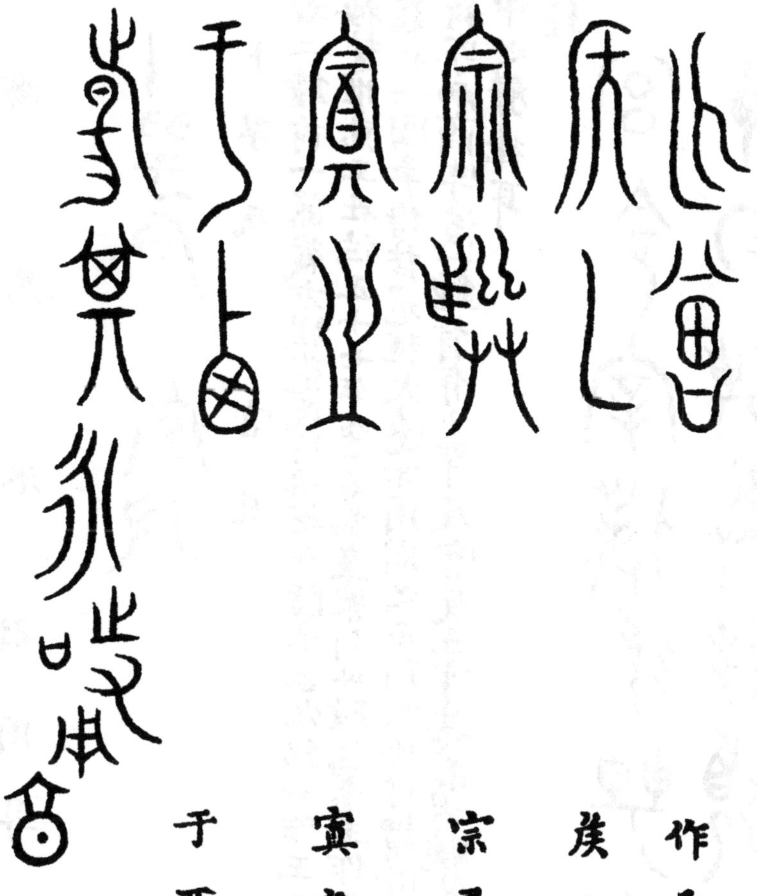

作曾侯乙宗彝寘之于西

陽其永時用享

卜翚反　宮反

右二鐘前一器藏方城范氏皆得之安陸古器物銘云惟王五十六祀楚王酓章按楚惟惠王在位五十七年又其名為章然則此鐘為惠王作無疑也方是時王室衰弱六國爭雄楚尤強大遂不用周之正朔嗚呼可謂僭矣前一鐘背又有一穆字兩商字後一鐘背有卜翚反宮反五字其義未曉然恐宮商乃二鐘所中之聲律耳

聘鐘

宮令宰僕錫聘鐘
十有二聘敢拜稽首

博古云在昔人臣有功於國者必昭其功而勒諸金石故若魏絳之和戎而獲五利則賜之樂而始具金石之奏是也夫編鐘之數十六而聘之所錫十有二足知其為分方應月律者如此耳若夫名氏所出典籍缺泯蓋無得而考焉

歷代鐘鼎彝器款識法帖卷第七

周器款識

鐘

遲父鐘一 維揚石本

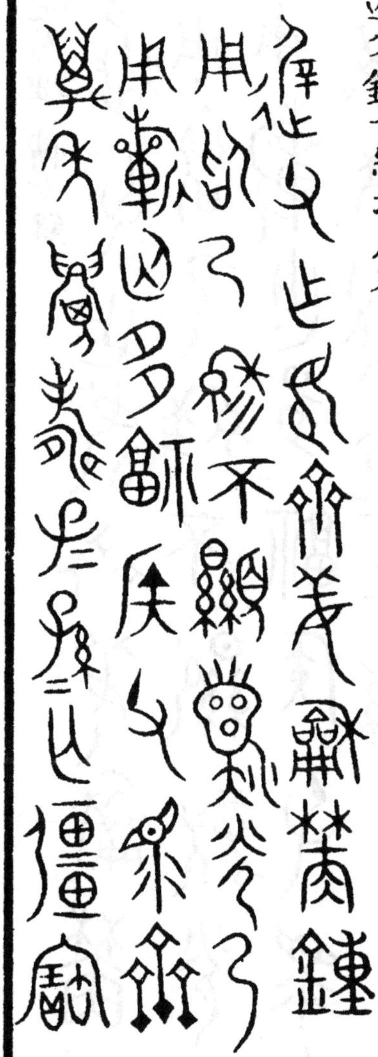

遲父鐘二 博古錄

遲父鐘三 攷古圖

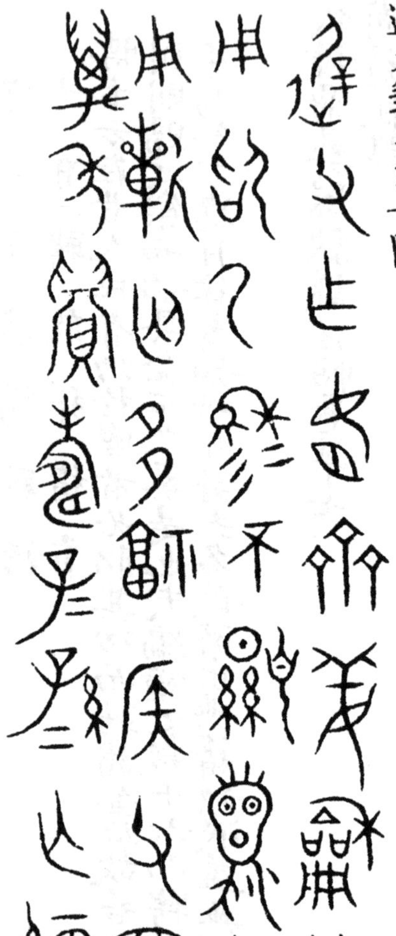

遟父鐘四 古器物銘

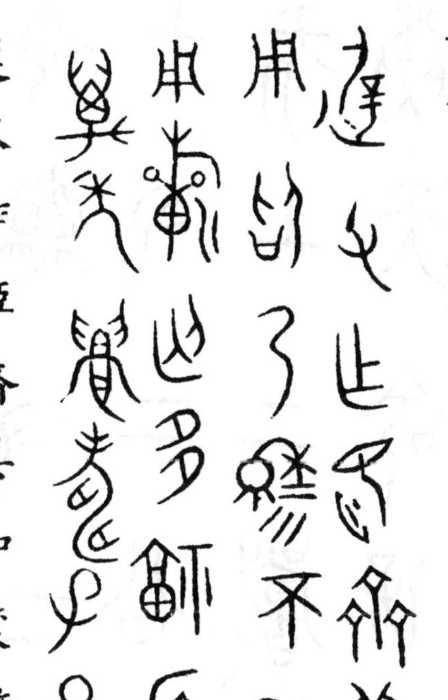

遟父作姬齊姜和焚鐘
用昭乃穆不顯龍光乃
用祈匃多福侯父眔齊
萬年眉壽子=孫=無疆寶

以上並同

是鐘遟父為齊姜作也曰用昭乃穆=不顯龍光則穆=以言其欽和不顯以言其甚顯而龍光又言其承天子之寵光也詩言為龍爲光是矣蓋鐘樂之大者樂所以示其和而銘之所載又以形容其和之=德福以類應故祈匃多福亦求福不回之謂也是其所以為子孫無疆之寶焉

盄和鐘

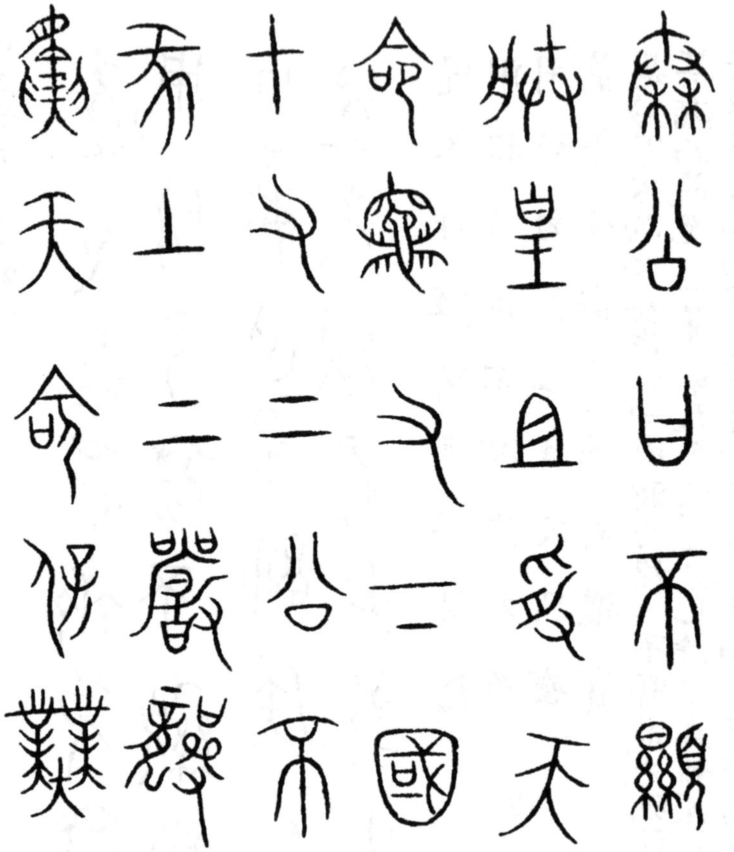

秦公曰不顯
朕皇祖受天
命奄有下國
十有二公不
㒸上帝嚴恭
寅天命保業

故秦虢事蠻
夏曰余雖孚
穆=師秉明德
叡敷明刑虔
敬朕祀以受
多福協和萬
民呼夙夕剌=

⿺走亘=萬生是敕

咸畜百辟胤

士彬=文武鎮

静不廷⿰酉夏燮

百辟於秦執

事作盄和

故名曰晢邦

其音鉷〻雝〻孔
煌以昭格孝
享以受純魯
多釐眉壽無
疆畯惠在位
高弘有慶溥
及男永寶宜

戒朕師旟之政聽諫罰
朕庶民左右毋諱及不
敢弗敬戒虔卹故死事
穆和三軍徒衕粤故行
師真中故罰公曰及汝

敬恭辭命汝應格公家
汝恐恪朕行師汝肇敏
于戎攻余錫汝釐都衜
齍其縣音余命汝司辭
釐造國徒𠦃為汝敵寮

乃敢用拜稽首弗敢不

對揚朕辟皇君之錫休

命公曰及汝康乃有

事率乃敵寮余用登純

厚乃命汝及毋曰余学

汝敷余于艱卹虔卹不
易左右余乂余命汝織
差饗為大事繼命于外
內之事中敷溫刑汝以
敷戒公家應卹余于溫

郘汝以郘余朕身余錫
汝車馬戎兵釐僕音有
卒家汝以戒戎作及用
或敢再拜稽首應受君
公之錫光余弗敢灋乃

命及典其先舊及其高
祖虩虩成唐又敢在帝所
敷受天命刻伐履同貫
乃靈師伇小臣唯輔咸
有九州處禹之堵不顯

穆公之孫其配夔公之

姪而餓公之女粤生丮及

是辟于齊侯之所是忩

龔齊靈力若虎謹恪其

政事有恭于公所穀擇

吉金鈇鎬鉼銘用作鑄
其寶鏄用享于其皇祖
皇妣皇母皇考用祈眉
壽令命難老不顯皇祖
其作福元孫其萬福純

東宮之妹邢侯之姨皆紀其當時婚姻異姓之國也曰叡擇吉金用作鑄其寶鎛者字說以謂厚以厚物爲大薄以薄物爲小鑄以薄訓小故也國語曰細鈞有鐘無鎛尚大故也大鈞有鎛無鐘尚細故也以此推之則鎛鐘比特鐘爲小以編鐘爲大今此鐘銘曰鎛考其形制乃大於特鐘蓋春秋之時禮樂征伐自諸侯出而等威制度無復先王之法而妄有諱大耳以周官制器則首言鍾師而以鎛師次之是其自異而此制器之時蓋齊之中世其實周鐘也詳其銘文叀錫者三一曰錫汝釐都其縣二百國徒三千二曰錫汝車馬戎兵釐僕二百有五十家三曰錫乃吉金鈇鎬玄鏐鏻鋁用作鑄其寶鎛齊侯以勳熙庸顯著其錫蕃庶如此其銘之鋪張又如此〻〻臧武仲所謂作彝器銘功烈以示子孫以昭明德也齊之中世桓公之業替爲文字之傳尚復粲然可觀若此周監於二代郁〻乎文哉信矣

歷代鐘鼎彝器款識法帖卷第八

周器款識

鐘 磬

齊侯鐘一

唯王五月辰在

戊寅師于淄陲

公曰汝及余經

乃先祖余既敷

乃心汝忠媿忌

汝不隊夙夜宦
執而政事余弘
猷乃心余命汝
政于朕三軍綴
成朕師旗之政

聽諫罰朕庶民

左右毋諱及不

敢弗敬戒虔卹

故死事穆和三

齊侯鐘二

軍徒衛皁故行
師慎中乃罰公
曰及汝敬恭辭
命汝應格公家
汝恐恪朕行師
汝肇敏于戎攻

余錫汝鑾都衛

爵其縣言余命

汝司辪鑾造國

徒幸為汝敲寮

及敢用拜稽首

弗敢不對揚朕

辟皇君之

齊侯鐘三

錫休命公曰及

汝康能乃有事

率乃敵寮余用

登紇厚乃命汝

及母曰余小乍

汝敷余于鄦卹

虔卹不易左右

余入余命汝緘

夔公之妃而餓
公之女粤生牀
及是辟于齊侯
之所是小心龔
齊靈力若虎謹

恪其政事有恭

于桓武靈公之

所桓武靈公錫

及吉金

齊侯鐘六

鈇鎬玄鏐鏻鋁

及用作鑄其寶
鐘用享于其皇
祖皇妣皇母皇
孝用祈眉壽令
命難老不顯皇

祖其作福元孫

其萬福純魯和

協而九事俾若

鐘鼓外内開闢

都=俞造而明則

毋或承類

齊侯鐘七

汝考壽萬年永

保其身俾百斯

男而執斯字綴二

義政齊侯左右

母夬母已至于

業日武靈成于

孫永保用享

齊侯鐘八

斯男而執斯字綴=

義政齊侯左右母

公之孫其配蘷公

之妣而餞公之女

齊侯鐘九

政聽諫罰朕庶民

左右安諱及不敢

齊侯鐘十

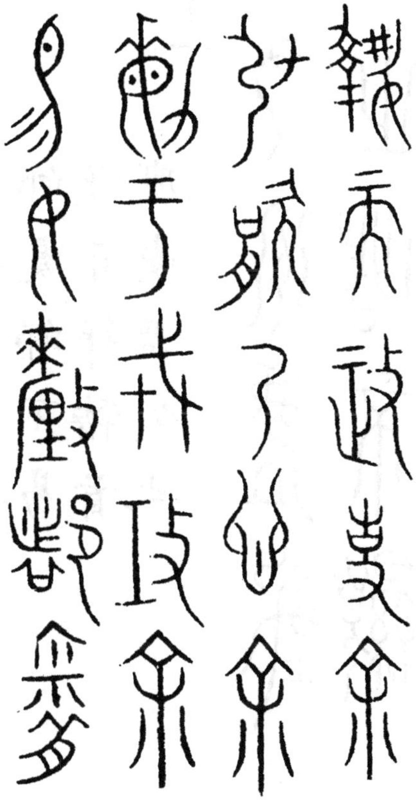

執而政事余
弘厭乃心余
敏于戎攻余
錫汝釐都[illegible]

齊侯鐘十一

汝敷余于艱
卹虔卹不易
敢再拜稽首
應受君公之

齊侯鐘十二

齊侯鐘十三

九州豦禹之堵不顯若虎謹恪其政事有

俾若鐘
鼓外内
其皇祖皇
妣皇母皇

右鐘銘凡十有三乃齊侯鐘銘分以銘之其文雖比齊侯鎛鐘銘亦有詳略不同者博古録言是鐘齊物也齊自太公望得國而周天子使召康公命之曰五侯九伯汝實征之以夾輔王室東至於海西至于河南至于穆陵北至於無棣皆得而正之故自太公流澤之久迄于桓公凡兵車之會三乘車之會六而終以霸爲是器必首稱于桓公者以其世也至於言封域之出處世次之先後錫賚之多寡此不復論蓋已具於齊侯鎛鐘矣

窖磬

此銘五十七字擇其吉石乃用潤澤之澤古人用字固不拘耳

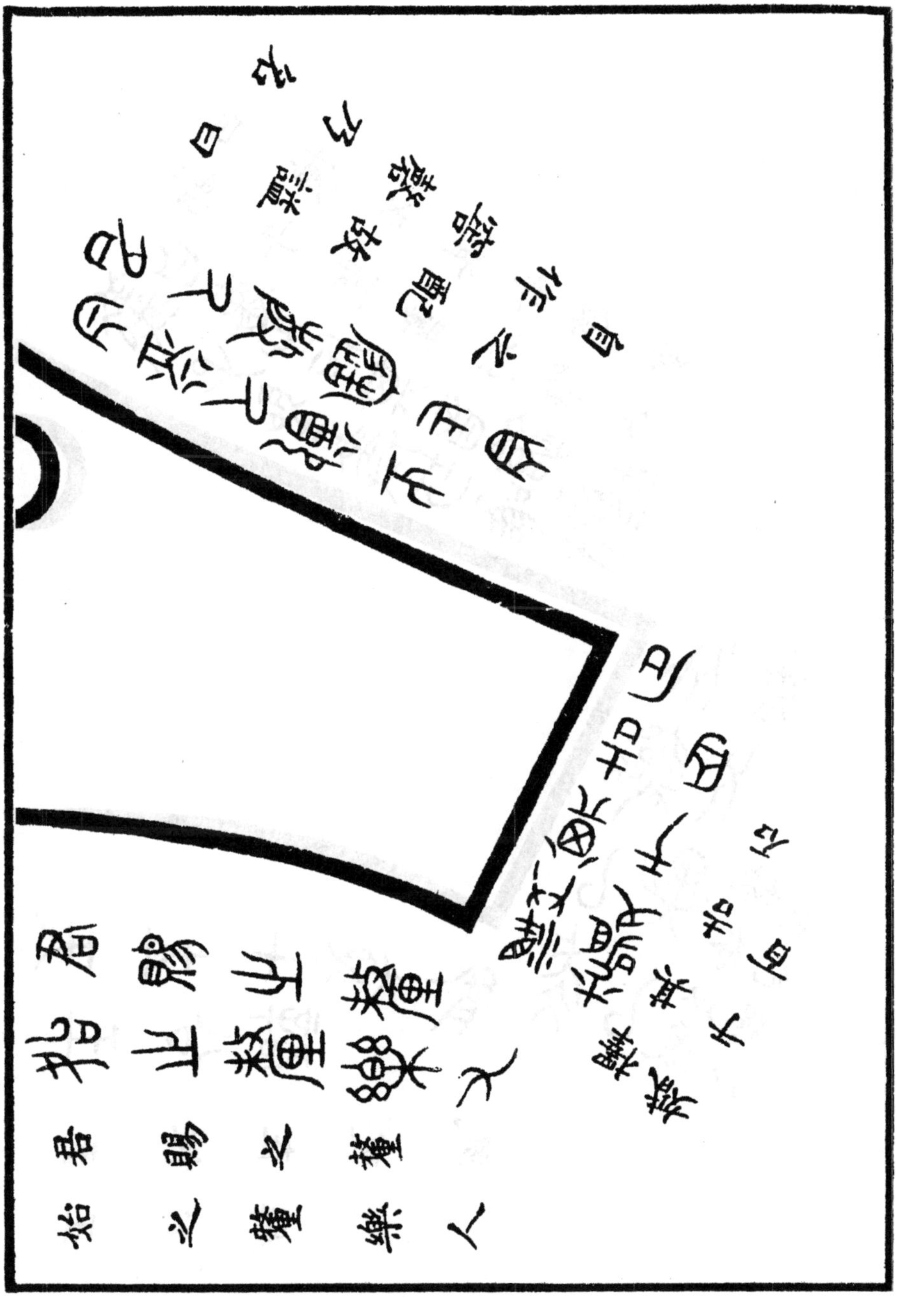

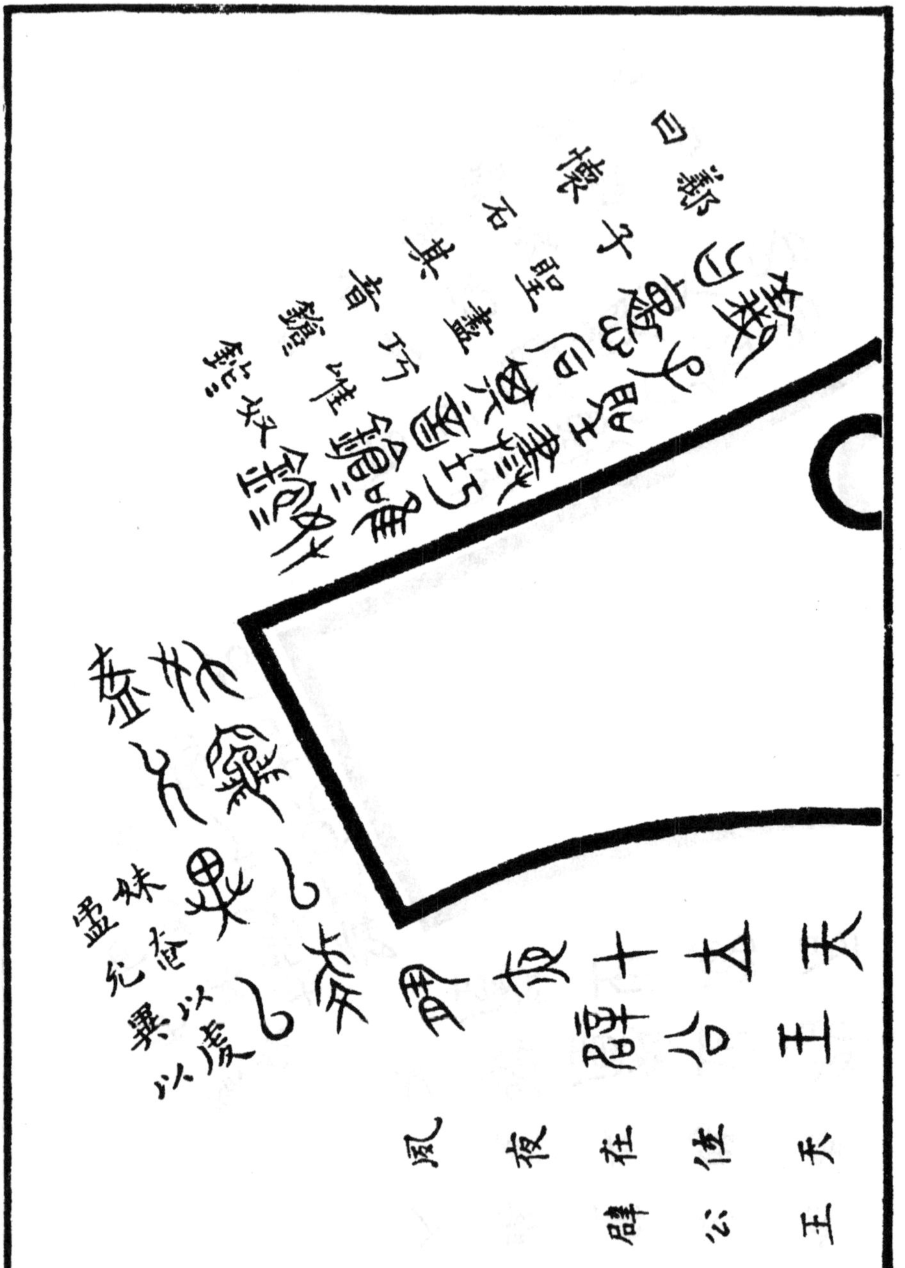

歷代鐘鼎彝器款識法帖卷第九

周器款識

鼎

象鼎

象

右銘一字作象形周官司尊彝有象尊是器鼎也而銘之以象何哉博古錄云易之六十四卦皆象也而於鼎獨言象蓋鼎之為卦䷱上離下巽以木巽火有鼎之體此書一象形其亦準易而着之耶

鮮鼎

鮮

右銘一字作魚形博古云按詩言誰能烹魚溉之釜鬵與夫混元所謂治大國若烹小鮮蓋烹鮮之術止於爕水火之齊無所用力是鼎主烹飪奉薦享則烹鮮有職於此故曰其魚形而以鮮名之且商之鼎彝多取象于物此鼎周器款識簡古不加文鏤為一魚形豈周因於商禮去商未遠餘風猶存耶不然何以純素如此

節鼎

節

右銘一字曰節未詳其為誰必作器者之名也

舉鼎

舉

右銘一字曰舉李公麟得爵於壽陽而銘曰巳舉王玠得爵於洛下而銘曰

丁舉正杜蕢洗而揚觶以飲平公因謂之杜舉則又見於獻酬之制耳此銘曰舉義或在於是歟

蠡女鼎

蠡女

按蠡於經傳無所見蠡與欒同周有溦欒鼎宋公欒鼎又南欒乃縣名欒即名氏也女者欒之女也王楚釋作丁字恐未然

得鼎

得鼎

右銘二字曰得鼎按太公望子曰丁公伋伋之子曰乙公得此言得鼎乃乙公之鼎耳

東宮鼎

東宮

右銘曰東宮得非太子所用乎不然即其姓也

子父舉鼎

子父舉

右銘曰子父按古者父為大夫子為士則葬以大夫祭以士父為士子為大夫則葬以士祭以大夫是父皆從其子而鼎者祭所用之器又以銘表著其祖考之美故祭統曰鼎有名自名者也是鼎也銘雖無文而特以子父識之其下又為子字舉盡取其以手致而與人之意則知用之於父盡力以致享而不敢虛美其先者也

益鼎

益作

寶鼎

右銘四字曰益作寶鼎曰益者春秋文公六年有梁氏益昭公六年復有文公益

未知孰是蓋作鼎彝者必有大勳德而後有之梁氏文公匹其人耳

大尗鼎

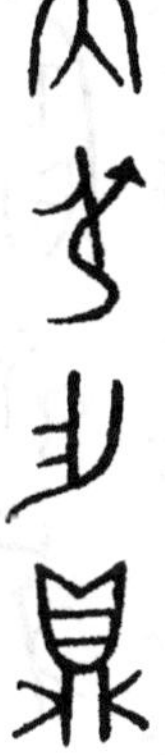

大尗作鼎

博古錄云按春秋隱公元年書鄭伯克段于鄢蓋鄭伯者鄭莊公也莊公弟有曰共尗段者嘗請京使居之因謂之京城大叔則大叔者莊公之弟耳大尗彊毅遂繕甲兵以襲鄭而公伐京焉大尗入於鄢公又伐鄢故春秋書其惡以爲昆弟之戒而詩人有曰大尗于田以刺其多才而好勇者是也然則是器乃大尗居京而作之耳其爲周器無疑

中鼎

中作寶鼎

中謂南宮中耳後有數鼎皆一時之制而銘刻詳略之不同也

伯鼎

伯作⿰舟条鼎

右銘云伯作艅鼎伯者伯仲之次也

單冏父乙鼎

祺單 冏 乙父

博古錄云昔紂向嘗謂單靖公曰吾聞一姓不再興今周其興乎其子單子也又曰單子朝夕不忘成王之德以佐王室則單者周之族而為周之卿士者也曰祺者穆公祺也而此鼎銘乃曰父乙蓋乙非獨為商之號如齊有乙公之類不獨商之世也

王伯鼎 一名王伯盉

王伯作 寶盉

博古錄云夫傳有曰史伯者著其姓也有曰鄭伯者舉其國也有曰僖伯者稱其謚也今此伯而謂之王以為謚則王不可以為謚以為國則王未嘗名國以為姓則三代之間未見王姓而顯者惟武王初定商以九鼎寶王封諸侯而書序

克商之後亦曰分寶玉于伯叔之國然則王伯者疑其爲王之伯父也曰寶尊盤者考諸周禮雖有掌玉齊盤之官然形制訖無所考以其方而有四足與諸方鼎志類故附之於鼎云

單從鼎

單
作從彝
冏

右銘曰單冏作從彝周有單子歷世不絕有襄公頃公靖公獻公穆公凡數世特冏者不見諸經傳是器鼎也而曰彝蓋彝言其常曰從則猶品之有從亦有所謂陪鼎者是也

伯貟鼎

伯貟作
旅鼎

右鼎乃伯貟所作言旅者昔人謂有田一成有衆一旅則舉其衆也言非一鼎耳

尹考鼎

尹考錫
季姬

右銘云尹考錫季姬蓋父錫此鼎於其季女耳

豐鼎

豐用作
將鼎彝

右銘云豐用作玖將鼎彝豐名也凡彝器不得而專有必賜于君然後敢制焉謹君命而銘之故於是書其名也

宋公欒鼎

宋公欒

之餗鼎

右銘六字曰宋公欒之餗鼎且春秋帝乙之後微子為宋公都商丘大辰之墟自微子至景公蓋三十六年獲麟之歲景公者名欒是所以為宋公欒也餗鼎食器也易曰鼎折足覆公餗則銘以餗亦以為飲食之節而已今所錄鼎銘一名曰徹欒一名曰欒文皆一時物也

伯咸鼎

伯咸父
作寶鼎

右銘藏金樹吳氏曰伯咸父作寶鼎而師𠑽敦亦云朕刺祖乙伯咸孟姬寶敦與此銘文稍合殆一時器也

魯公鼎

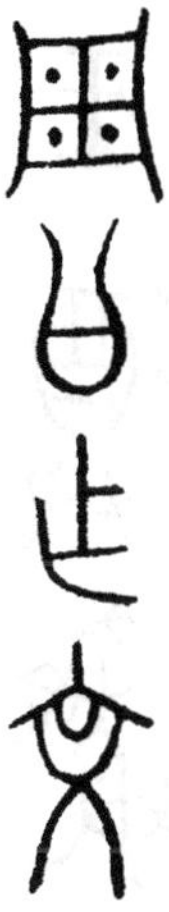

魯公作文

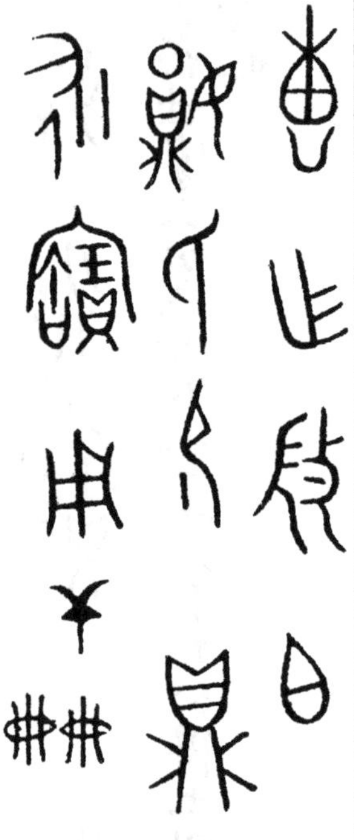

専作微伯
媜氏鼎
永保用 冊冊

按說文云媜通作妘祝融之後姓也富辰有曰矦妘而韋昭以妘為妘姓之女今徵伯雖於經傳無所見蓋亦祝融後姓而於妘之族歟下作二冊與商父乙鼎相類許慎謂冊象其禮一長一短中有二編之形符命也諸侯受命于王者故尊鼎之間類多作此

厄生鼎

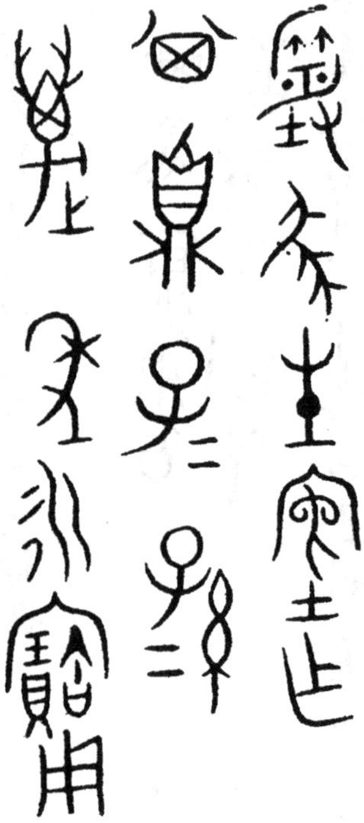

厄生室作
其鼎子子孫孫
萬年永保用

按左傳后羿有臣曰龟圉鄭有大夫曰公子龟此鼎雖古而銘識曰年已非夏商之制則龟不可爲龟圉殆所謂公子龟耶謂之生亦猶齡敦曰屈生之類是也

伯郄父鼎

晉司徒伯郄父
作周姬寶尊鼎
其萬年永寶用

按晉以僖侯諱司徒故癈司徒爲中軍稽之周曆晉僖侯之元年實周共和之二年至周平王之四十八年魯隱公始居攝蓋百有餘年矣孔子作春秋斷自魯隱始則前乎此列國雖有名卿大夫往往無淺考按是以伯郄父之名不見于經傳也

隹叔鼎

隹叔從王南

征唯歸惟八
月在甾位誨
作寶萬鼎

右銘前曰唯狆從王南征後曰誨作寶萬誨其名也唯狆其字也形制未傳但得
其銘于古器物銘耳言萬鼎則謂鼎足中空爾雅所謂款足曰鬲也

君季鼎

孫永寶用之
作其　鼎子
君季

按古器物銘云此鼎藏李成季舍人家然字畫漫滅銘有君季二字姑以名
之其詳未可考也

圜寶鼎一

惟十有三月用吉金
自作寶鼎其
子孫永用享

圜寶鼎二

同前

右二銘一同得于安陸之孝感上一字乃十有三月合成一字不顯其名而曰用

吉金自作寶鼎者乃周之君自作此鼎而用之耳

孔文父飲鼎

惟三月孔文父作
飼鼎子孫寶用

銘云惟三月孔文父作○飼鼎子孫寶用一字未詳考古云此器銘謂之鼎而制度乃類尊壺之屬皆未可考也

叔液鼎

惟五月庚申
对液自作饋
鼎用祈眉
壽萬年無疆
永壽用之

叔液之名考諸前代於經傳無所見惟語記周有八士則有叔夜焉豈其族歟

叔夜鼎

叔夜鑄其饙鼎以征以行用饘用羹用祈眉壽無疆

叔夜蓋周之八士也銘曰鑄其饙鼎以征以行太公作簠亦曰鑄寶簠叔邦父作簠亦曰用征用行與此銘文頗相合殆一時物耶

齊莽史鼎

齊莽史喜作
寶鼎其眉
壽萬年子〻
孫〻永寶用

齊莽史喜則古者太史順時覛土是為農官曰莽則薙氏掌殺草春始生而萌之夏日至而夷之秋則繩而芟之冬日至而耜之故知莽為史之職也喜疑其為名若詩所謂田畯至喜則畯亦云農之官喜或以為田畯至喜之喜商父乙鼎曰辰見北田作冊友史亦史以田言之故知為莽史明矣

仲偁父鼎

惟王五月初吉丁亥
周伯皋及仲偁父
伐南淮節孚金
用作寶鼎其萬
年子〻孫〻永寶用

博古云天下有道則禮樂征伐自天子出故凡彝器名物非下可得而專若召虎之平淮夷宣王用以昭其功則於是釐爾圭瓚秬鬯一卣伯皋及仲偁父有伐

南淮之勳則賜作寶鼎乃其宜也曰伯仲又言其昆弟也詩曰伯氏吹塤伯昆弟耳昆弟皆知移孝以事其君于是有南淮之烈周室之作人其盛有見于斯耶

趠鼎　一名趠盦

唯王來格于成周
年鎬趠父　于
慧公趠用作　乃
文考父辛寶尊
盦其子子孫孫永寶癸

銘文云惟王來格于成周年鎬言鎬則王在鎬京之義也趠其名也而曰作乃文考父辛寶盦而後一字曰癸亦與商祖己甗癸字相似恐商末周初器也

歷代鐘鼎彝器款識法帖卷第十

周器款識

鼎

王子吳鼎

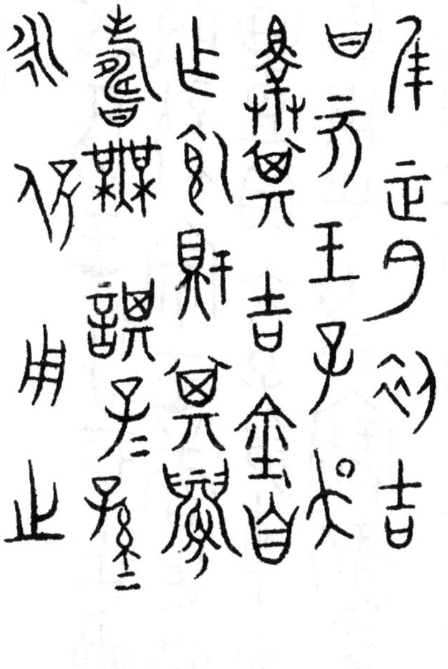

惟正月初吉
丁亥王子吳
擇其吉金自
作飼鼎刑其眉
壽無諆子〻孫〻
永保用之

考古云⿰鼎干字〻書所不見然以愚觀之鼎旁作干〻乃鉶省言作飼鉶鼎耳古
人銘識多以三兩字合作一字者如晉姜鼎之西夏⿱罒口安圁寶鼎之十有三月[illegible]
之類是也

文王命癘鼎

惟三年四月庚午
王在豐王呼虢𣏟

㠯癘錫駒兩拜稽
用作皇祖文考盂
鼎癘萬年永寶用

銘文言王在豐呼虢叔㠯癘錫駒兩豐其地也王使虢叔㠯癘而賜之以駒兩
又曰拜稽用作皇祖文考盂鼎盂形制不傳故考之未詳耳

癸亥父己鬲鼎

癸亥王徒刊作冊
般新室王廄作冊
豐貝太子錫練大
貝用作父己寶鬲

觀其銘文乃周鼎也而曰父己寶鬲蓋商末周初之器耳銘後字乃鬲蓋

古文作𤮼無鼎足大而空亞爾雅所謂款足曰鬲也曰作冊者因君有練大貝之錫然後享于祖廟故言作冊以紀君之命也

大夫始鼎

寶　用

考日己寶鼎孫子永

揚天子休用作文

曰鑒大夫始敢對

在邦始錫友曰考

獻工錫　錫章王

宮宅王在邦宮始

錫友　琱王在華
王在和宮大夫始
惟三月初吉甲寅

大夫官也始則其名耳既曰王在和宮又曰王在華宮宅又曰王在邦宮後又曰王在郣文意叢雜未詳其義大意因王有錫賚而始乃對揚休命而作鼎耳此鼎曰文考日己師淮父卣曰文考日乙單癸卣曰文考日癸甘己日乙日癸者銘其作器之日也

南宮中鼎一

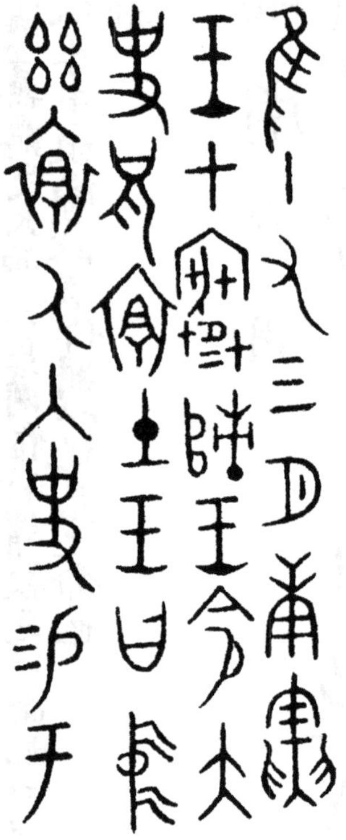

惟十有三月庚寅
王在寒師王命太
史括懷土王曰中
玆懷人內史錫于

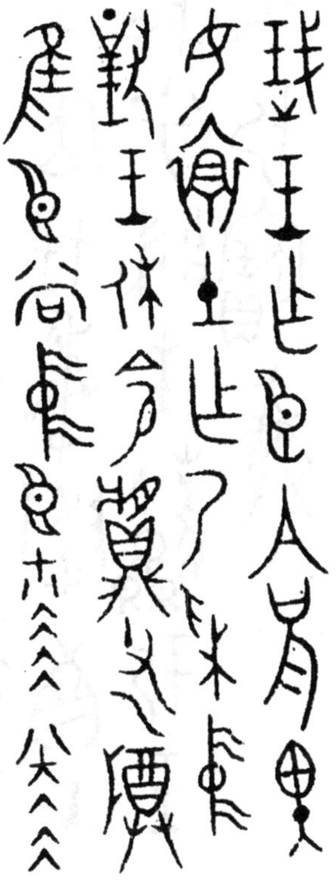

南宮中鼎二

珷玉作臣令栝里
汝懷土作乃采中
對王休命將彝父尊
惟臣尚中臣崇赫

惟王命南宮伐反
虎方之年王命中
先省南國貫行執
王位在射圃真

南宮中鼎三

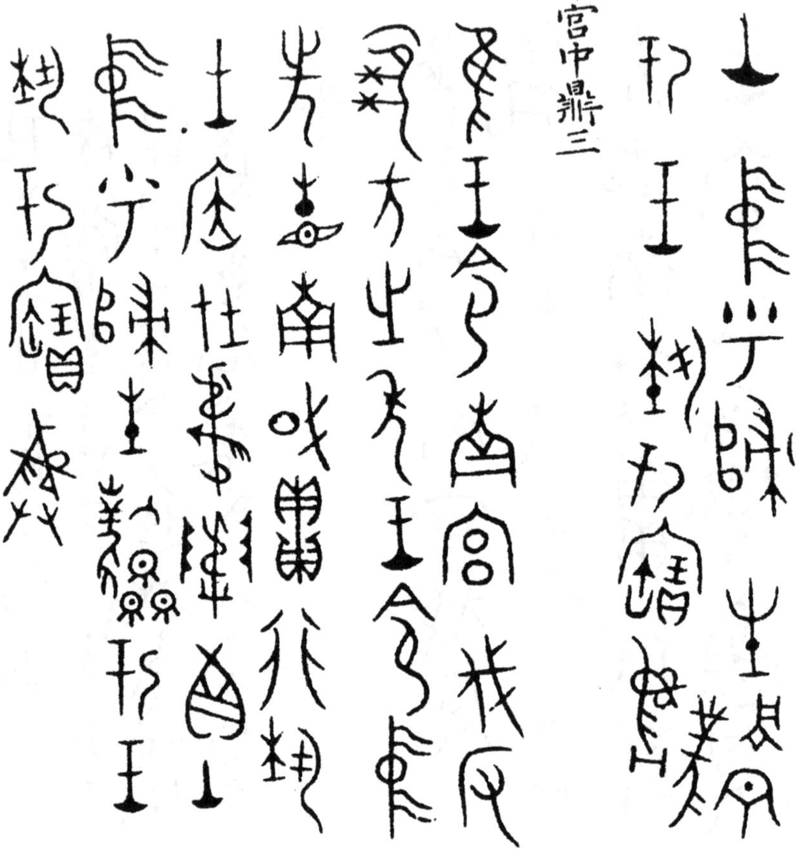

山中呼歸生原
刋王執刋寶彝
惟王命南宮伐反
虎方之年王命中
先台南國貫行執
王位在射圃真山
中呼歸生原刋王
執刋寶彝

右三器皆南宮中所作南宮其氏也中其名也南宮爲氏在周有之如書所謂南宮括南宮毛是也前一鼎曰錫于珷王集韻云珷小杯也又言作乃采者蓋〻事也命以立事故因爲此鼎而刻之銘也此鼎也而謂之𬯀彝父乙尊彝者大〻也曰父乙者周初接商之器也後云惟臣尚中臣𢇍〻者如赫〻師尹之義第二第三鼎曰伐虎方者虎方猶鬼方也虎西方之獸是必因西征而昭其功以銘之耳又王位在射圃而射字極古如宰辟父敦射字亦正作挽弓之形而此鼎射作[illegible]如今之世俗所謂狀了弩者豈三代之遺法耶

季婦鼎

正月王在成周
王徙于楚麓命
臣陵先見楚居
王至于徙居廡
遺臣陵錫貝錫
馬兩陵拜稽首

對揚王休用作
季婦寶尊彝

愽古錄云昔康王命作冊畢分居里成周郊則成周者西周也麓說文以為山林吏又曰林屬于山為麓則從于楚之麓者謂其山之林麓盖如書言文麓之類王欲從楚先命小臣陵往見以相其居王至于居也復遣錫貝錫馬及兩所以賞之曰季媍者說文云通作妘以謂祝融之後姓也富辰嘗舉鄔妘而韋昭亦以妘為妘姓之女則媍乃其妃也曰季者又特言其序耳詩所謂彼美孟姜仲氏任只有齊季女皆指其序也

公緘鼎

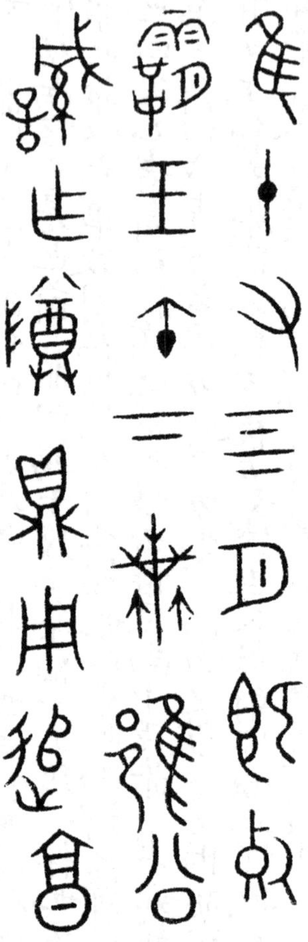

惟十有四月既死
魄王在下保雝公
緘作尊鼎用追享

孝于皇祖考用乞
眉壽萬年無疆
子子孫孫永寶用

惟十有四月古器多有是文簠寶鼎云十有三月己酉戊命尊云十九月方寶甗亦云十有三月疑嗣王居喪雖踰年未改元故以月數也既死魄者記其日也王在下保雝者疑宮名如西雝之類

師秦宮鼎

惟五月既望王
于師秦宮王格
于享廟王 錫

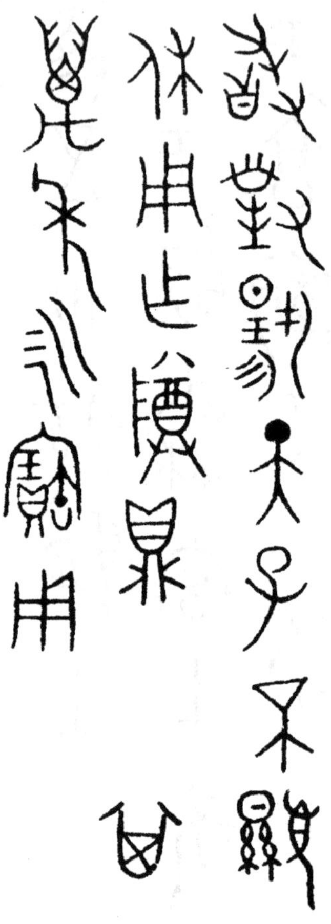

敢對揚天子丕顯

休用作尊鼎其

萬年永寶用

按博古錄云銘四十七字磨滅不可考者十有二字曰惟五月既望者猶書朏望生明生魄以紀時紀日也其曰師秦宮則師秦之宮以名其人猶師禮師也設王格于享廟而有錫焉則錫命而賞于祖也臣受命于君則當有以對揚之詩曰對揚王休書曰對揚天子之休命此言敢對揚天子丕顯休蓋亦如是夫然後可以作鼎寶用而祀之以萬年為詞云

伯碩父鼎

惟六年八月初吉己
子史伯碩父追孝于
朕皇考釐仲王母乳
母尊鼎用祈匄百祿
眉壽綰綽永命萬年

無疆子、孫、永寶用享

博古錄云銘曰惟六年八月初吉己者以年繫月以月繫日也曰子史伯碩者伯碩父雖不見于經傳然周有太史內史之官謂之子史則稱于父曰子舉其官曰史而伯碩父則又其名也曰追孝于朕皇考釐仲王母乳母者用昭孝享于其考妣也釐謚也而曰釐仲者蓋古人以字為謚因以為族則仲疑其族也若王母乳母則追孝皇考而并及之其曰綰綽則祝以優裕之辭耳

史頊父鼎

史頍作朕皇考釐仲
王母乳母尊鼎用追享
考用祈匃眉壽永命
令終頍其萬年多福
無疆子孫永寶用享

史頍者雖不見于經傳蓋史則言其官頍則疑其名是器與前伯碩父鼎言其考妣謚號大率相類然此鼎差小特不紀其歲月雖詞有詳略器有小大不害其為同寔一時之物也

微欒鼎

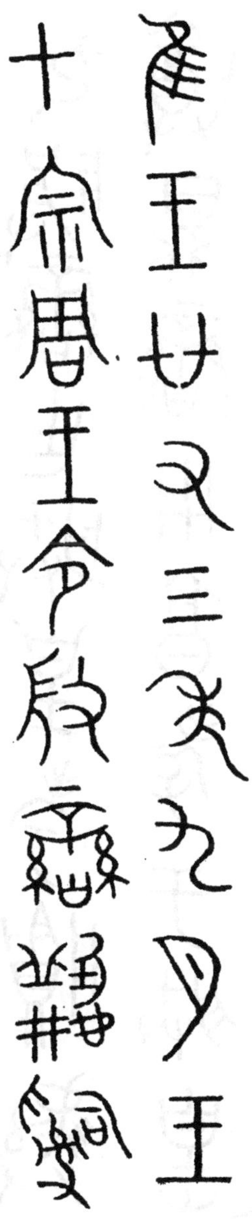

惟王廿有三年九月王
在宗周王命微䜌繼治
九服欒作朕皇考將彝
尊鼎欒用享考于朕皇
考用錫康勵魯休純祐

眉壽永命令終其萬年
無疆䜌子孫永保用享
諸器有宋公䜌弄䜌女及此鼎凡三器皆稱䜌博古云名䜌者宋景公也此曰王
命徽䜌繼治九服䜌作朕皇考䵼鼎彝尊鼎䜌用享于朕皇考又曰用錫康𩰫魯
休純用祐眉壽永命令終善頌之辭如此其多後曰萬年無疆子〻孫永寶用享
銘文與虢姜敦相類皆一時物也

伯姬鼎

惟廿有八年五月既望庚寅王在周康穆宮旦王格大室即立宰頵右㝨入門立中廷北鄉史恭受王命書王呼史淢冊錫㝨玄衣東帶赤市朱黃鑾旂鋚勒

戈琱戟縞韠彤矢寰拜稽
首敢對揚天子不顯魯休
命用作朕皇考鄭伯姬尊
鼎寰其萬年子孫永寶用

右鼎銘與前微欒鼎銘相類欒鼎曰惟王廿有三年九月王在宗周此鼎曰惟王廿有八年五月既望庚寅王在周康穆宮寰即其名也寰入門立中廷北鄉史菾受王命書王呼史減冊減乃史之名也錫寰玄衣束帶赤市朱黃鑾旂鋚勒戈琱戟縞韠彤矢便蕃如此〻寰所以拜稽首對揚天子不顯魯休命而為其皇考鄭伯姬作此鼎尊也文詞典雅字畫絕妙使人觀之盡日不猒去

晉姜鼎

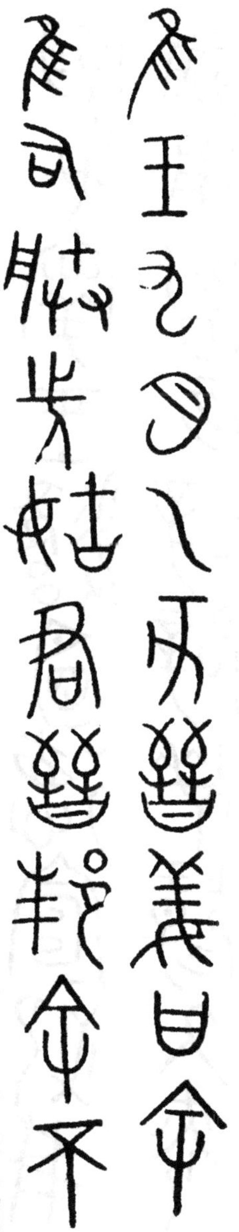

作悳爲亟萬年無疆用享
用德畯保其孫子三壽是利

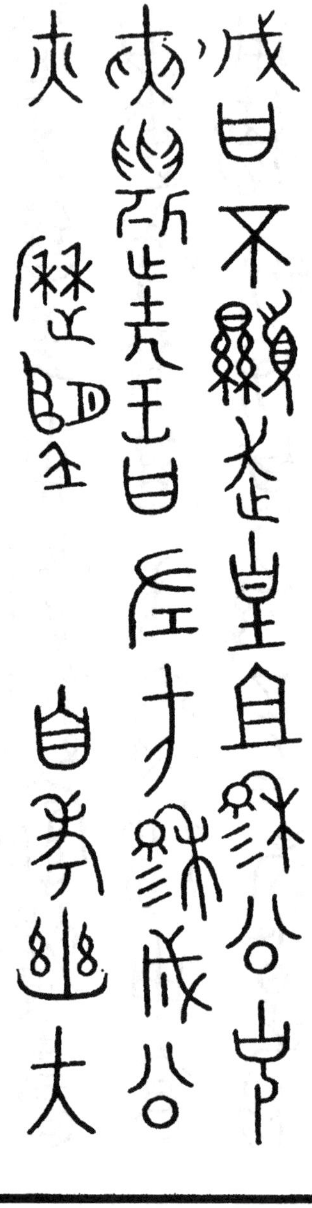

謹按重脩博古圖錄云晉姜齊侯宗女姜氏以其妻晉文侯故曰晉姜觀其始言君晉邦取其寘小君之稱以正其名中叙文侯咸貫通弘征綏蕩原以顯己之有助追其末也又言保其子孫三壽是利則三壽者與詩人言三壽作朋同意蓋晉姜作此鼎非特保我子孫而外之三卿亦冀壽考也款識條理有周書誓誥之辭而又字畫妙絶可以爲一時之冠又按劉原父先秦古器記云此鼎得於韓城韓者古建國有晉姜有文侯殆曲沃宗廟器也復作贊曰文侯翼周乃錫彤弓姜氏載德既祐武公并國享晉維政之隆師服刺仇非議之中

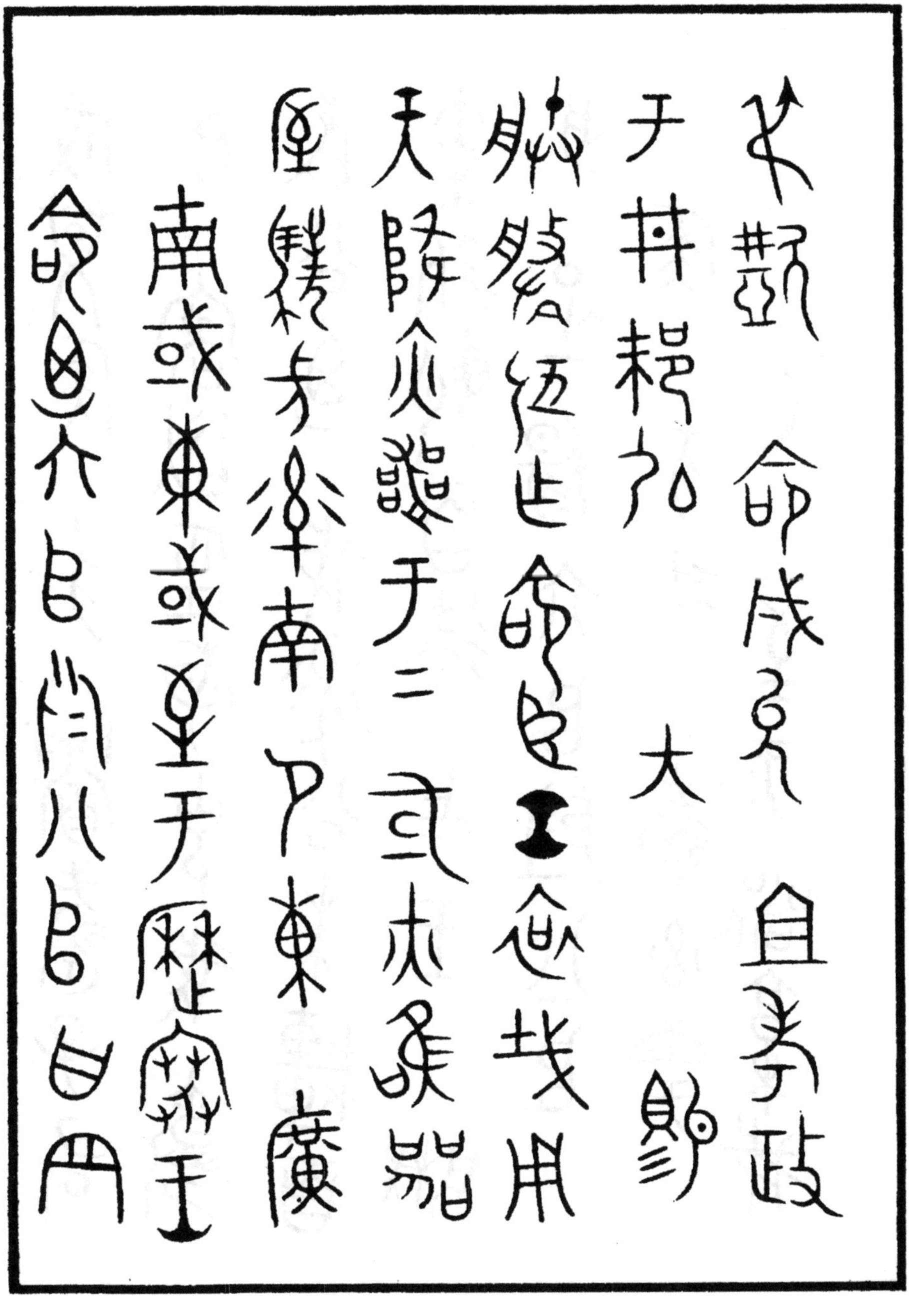

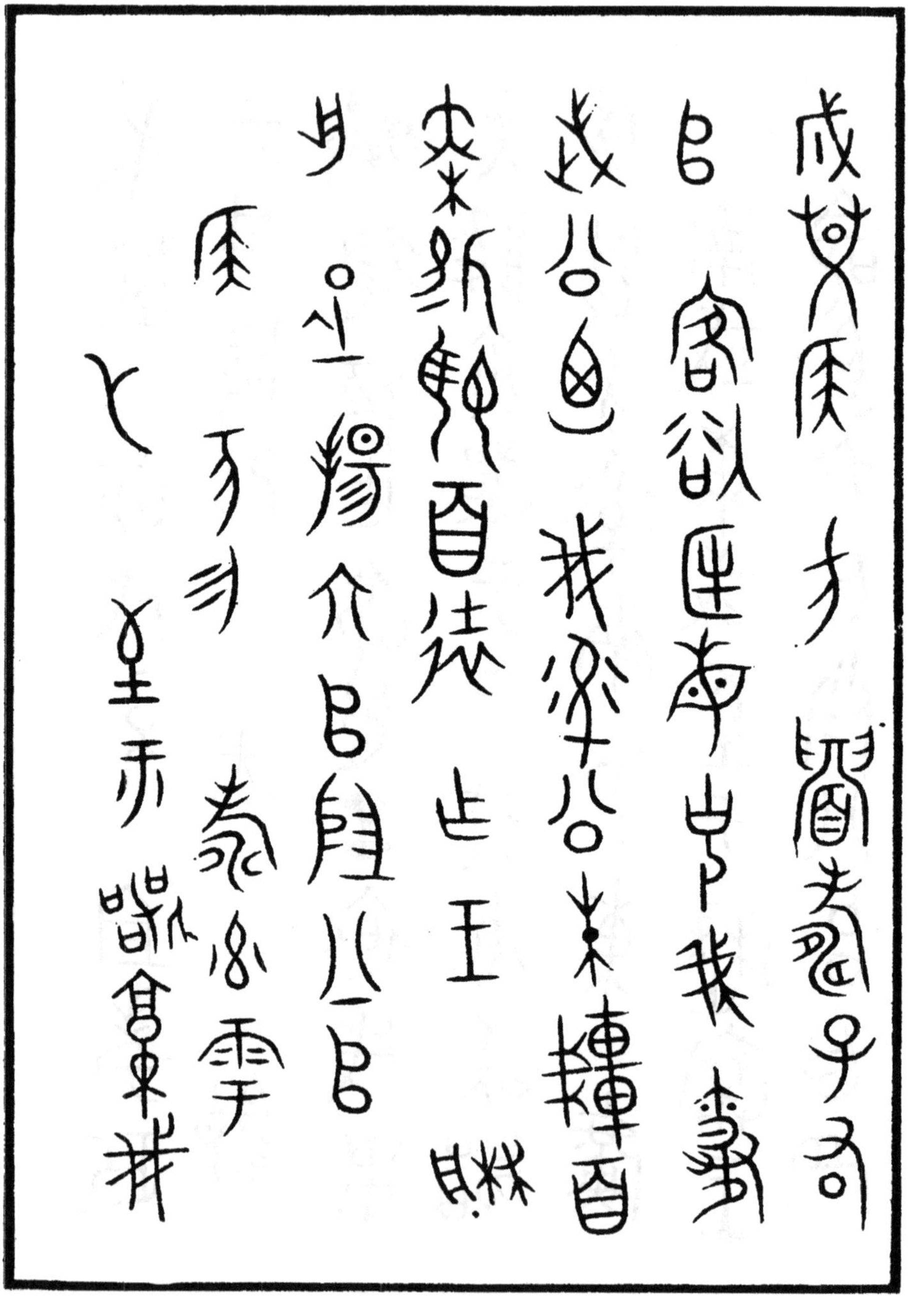

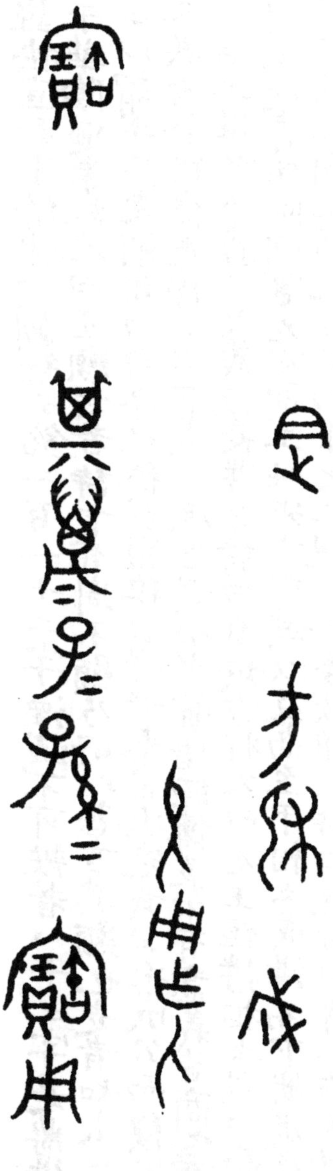

成曰丕顯𠱾皇祖穆公克
夾召先王曰左方穆成公
亦、　歷望　自考幽大
㚤繼　命成允　祖考政
于那邦弘　大　賜
朕服右　作命臣工哀戩用
天降亦、害于上或亦唯嚣
屋　方率南　節東廣
南域東域至于歷寒、王
命廼六以　八以日冕

成蒞侯　方　眉壽　佑
㠯　客欲　毋克我　爵
武公乃　我率公朱軒　百
㳟　百徒　作王
楊六以　八以
侯　勿　壽率率
至于　京我
方　成
用作
寶其萬〻子〻孫〻寶用

謹按宣和重修博古圖録云銘二百一十二字湮滅不可辨者八十二字是鼎得于華陰迺秦故地曰丕顯走者詩言有周不顯乃所以甚言其顯也走者如太史公以謂牛馬走則走乃自卑之稱皇祖穆公者考秦世次先武公次成公而穆公又其次今銘復先穆公次言成公後言武公者質諸經傳莫不有意義昔商之禘祀自上推之下尊〻之義故長發之詩曰有娀方將又曰元王桓撥相土烈〻而終之以實維阿衡實左右商王此先言有娀以及禼至于相土成湯而下然後及于阿衡也周之禘祀自下而推之上親〻之義故雝之詩曰既右烈考亦右文母

葢自烈考以上遠于文武也自上及下則原其始而知王業之所由興自下及上則舉其近而昭王業之所成當時各有所主而此鼎之文世次亦有所法也其餘以歷歲既久類多缺泯無從考之姑就其可以意得者如此

歷代鐘鼎彝器款識法帖卷第十終

歷代鐘鼎彝器款識法帖卷第十一

周器款識

尊　卣　壺　舟　斝

月季尊　一名月星尊

月　季

月季者月適日以為明臣道也季疑其為名氏蓋季字上从禾而下从子耳或云是月星上下為禾稼之形月有週明之道星有拱北之理禾有養人之實凡取以為飾者當以是為義焉蓋銘之斯所以戒之也

乙舉尊

乙舉

按字書云舉从手从與以手致而與人之意獻酬之義也記禮者言杜蕢洗而楊觶以飲晉平公而公曰毋廢斯爵至于今謂之杜舉然則觶亦謂之舉寔基於此

器市尊

昔蔡出龜而謂之蔡，冀出馬而謂之驥，皆因而得名也。是知舉之為器，其義亦爾。

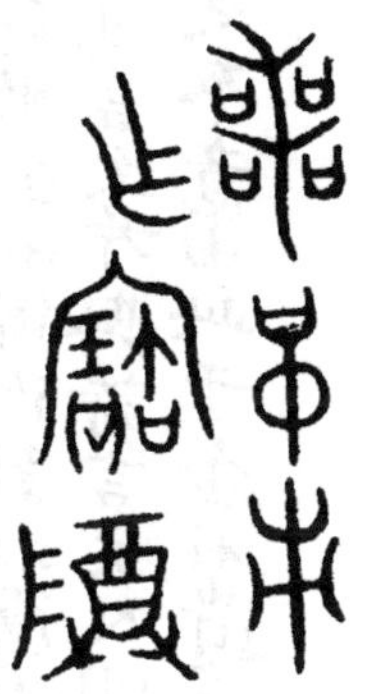

器市
作寶尊

器其姓氏也，市則其名，尔中一字未詳。楚有大夫器左。

伯克尊

黹伯克
作尊彝

黹不知其為名與氏也。商有⿰阝黹彝，旁加阜字。曰伯克者，伯其序也，克其名也。

師𩚵尊

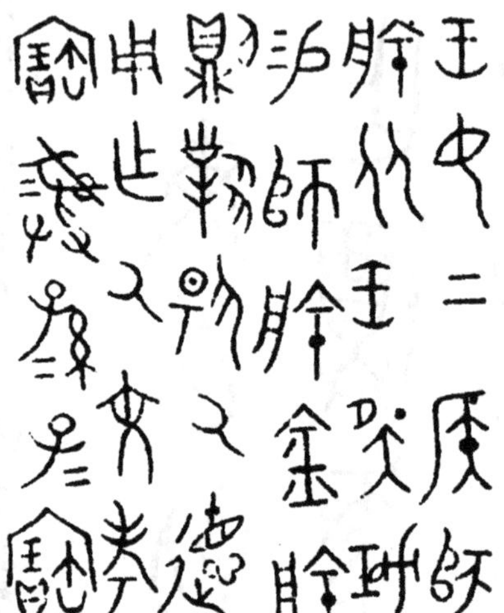

王汝上侯師
𩚵從王夜功
錫師𩚵金𩚵
則對揚乃德
用作乃文考
寶彝孫〻子〻寶

曰汝上侯者上侯猶上公曰上公以言其官曰師𩚵以言其人師𩚵既有王功於是王乃錫𩚵金而俾作器以薦宗廟故又曰錫師𩚵金𩚵則對揚乃德用作乃文考寶彝其言文考與詩言文人同　書德字从彳而此器从辵蓋德出于道从辵六書篆籀之本意由此于金石遺文每得以考正其字畫之謬云

召夫尊

王大召公族于庚辰
旅王錫中馬自冑

簋

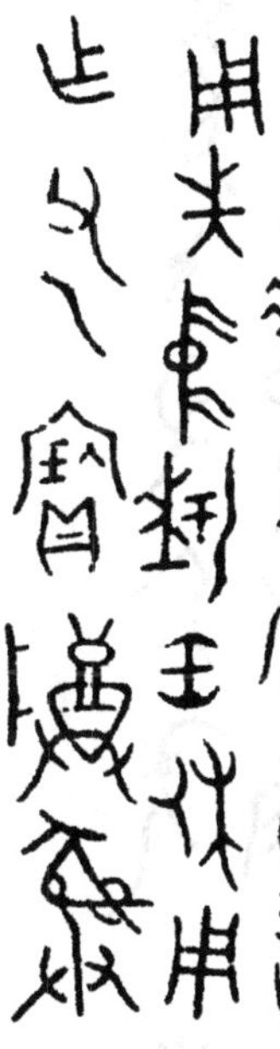

侯四駹南宮括王曰用先中執王休用作父乙寶尊彝

罍

同前

按博古録云召公奭在成王時作保封于燕其國僻小不通諸夏至簡公已二十九世乃逼諸侯人十一世而燕始亡此器乃周王褒大召公之族至于廟之器也又旅陳其王所錫之馬駹駹衆多也錫馬蕃庶駹于南宮南宮亦廟也此所謂褒大

之也乙者公之名王褒大其廟為其父作此寶器乃周家召公子孫之酒彝也愚嘗詳考此尊恐非謂周之召公也政和六年安陸之孝感獲六器有鼎有甗皆南宮中所作而此尊亦曰錫中馬中謂其名無疑也南宮中鼎云將彝父乙尊南宮中甗云作父乙寶彝此言父乙寶尊彝父乙之字亦不少異安陸所獲皆曰南宮此尊亦曰南宮又中鼎云王命太史括〻字作□此尊亦曰南宮括昆亦如之中鼎皆云先相南國相字作□此尊言大相公族而相字作□字體亦同蓋前人擇□此為相然古尚書乃召六卿而召作□恐此字音直笑切乃召命之召非周召之召也如此則中鼎云先召南國此尊言大召公族文意稍通中鼎曰王執而此尊曰凡王中鼎云錫于踐土而此尊云錫中馬自貫侯四駢又此尊言自貫侯而中鼎言貫行執此尊言先中而中鼎言中先無一不合者大意謂中有伐虎方之功而國君錫命作父乙之廟器耳同吾所好者更為詳究之

高克尊

惟十有六年

十月既生霸

乙未伯大師
錫伯克僕山
夫伯克敢對
揚天佑主伯
友用作朕穆
考後仲尊高
克用丐眉壽
無疆克克其
子子孫孫永寶用享

傳古云銘五十八字曰克敢對揚天祐用作朕穆考後仲䢍高克用丐眉壽高克者不見于他傳惟周末衛文公時有高克將兵後卒奔于陳疑克者延斯人歟若然則是器蓋衛物也其曰作朕穆考則又言宗廟之制也蓋天子有三昭三穆與太祖之廟而七諸侯有二昭二穆與太祖之廟而五至于言考則不特止其父而已故謂其大父曰王考謂其曾祖曰皇考謂其高祖曰顯考此言其穆考之法周室至于春秋諸侯分裂之時其世雖衰而至于典刑文物者尚在于是立言有如此者

孫卣

孫

右銘一字曰孫狀尸形蓋孫可以為王父尸而神依人而行託物而見則其視聽食息有足以形容此古人所以事死如事生事亡如事存其尸而祝之者蓋不迯乎此理是器特其人形以銘之豈不欲其神之有依託歟

伯寶卣一

蓋

伯作寶
尊彝

器

同前

伯寶卣二

蓋

同前

伯寶卣三

器

同前

蓋

同前

器

尊彝

伯作寶

右三器銘文皆曰伯作寶尊彝當是一時物且古之以官稱伯者有二焉曰侯

伯此五等之爵也曰方伯連率則在五等之外所以率諸侯者蓋其為伯則官有以作彝器以告于前人如作寶彝之類是也或以伯仲稱者或以其字称者必有一於是也然是器卣也而曰寶彝蓋彝者常也法度之器也先王之於器用未有不以常法為貴者

州卣

蓋

州作父乙寶彝

器

同前

右卣蓋器皆有銘文同曰州者不知其為名與氏也卣非庶人可有必當時公侯卿士世祿之家所用耳

大中卣

大中作

父丁尊

大中當是父丁之子言丁者商君之號配以十干迄周初接商未嘗有

師淮父卣

盉

穆從師淮父戍于
古阜蔑歷錫貝山
埒穆拜稽首對揚
師淮父休用作文
考日乙寶尊彝
其子〻孫永寶。

器

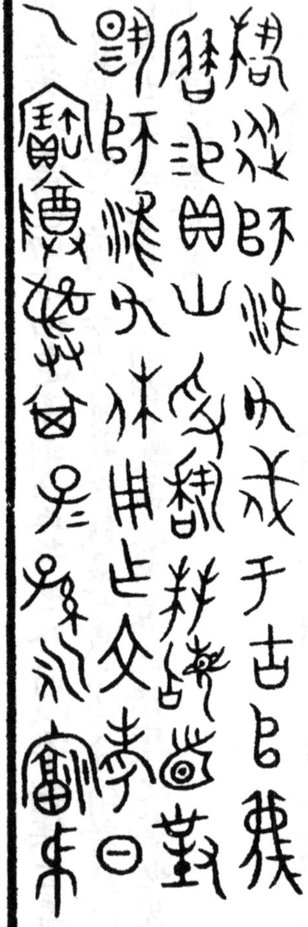

同前

博古錄云其曰穆從師淮父戍于古阜者穆与淮父索諸經傳悉無所見戍則如詩言遣戍役之戍謂穆從淮父以戍役于古阜也曲禮生曰父曰母死曰考曰妣此言文考蓋後世追享之器耳曰日乙者舉其日之吉也亦猶大夫始鼎曰日巳寶鼎文考尊曰日癸尊彝之類舉日之吉者可以嚴其事也

尹卣

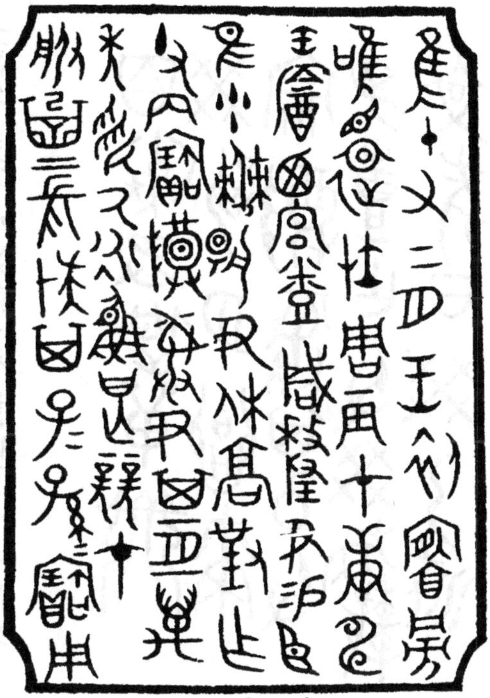

亞形中

惟十有二月王初祭旁
唯還在周辰在庚申
王飲西宮熹咸釐尹錫臣
雉僰揚尹休高對作
父丙寶尊彝尹其亘萬
季壽乃永魯無競在
服祀長侯其子子孫寶用

是器蓋尹休高對揚君命而作父丙寶尊彝也昔人作器未嘗不尊君命而謹其時日故曰惟十有二月王初祭旁又曰辰在庚申言旁者如書之言哉生

魄旁死魄之類也言庚申則又指其日辰矣消日之說不獨用于祀事至于錫命造器罔不先此而況卣所以格有廟昭功德以示臣子之孝可不謹其始耶又曰尹其亘萬年受乃永寳則受當讀作壽古人用字或如此亦其理之所在也

單癸卣

蓋

冏○選單冏
癸凬夕饗爾
宗尊彝其以父
子豊作父癸旅車
文考日癸乃方

器

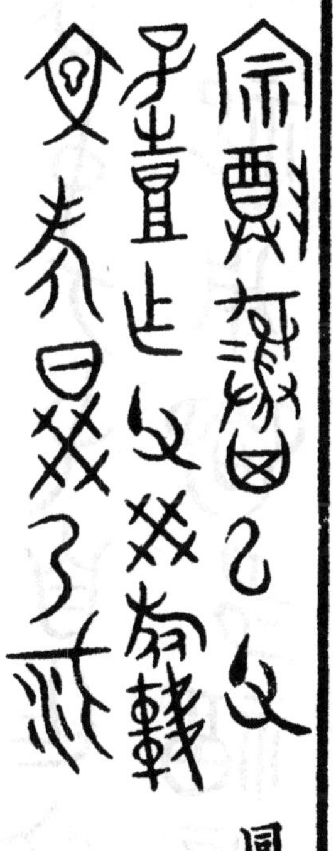

同前

銘曰夙夕饗餐爾宗則是饗餐禮所用之卣宗者如禮記所言大宗小宗之類非侯之傳姓者也是器乃單冏作父癸卣然先曰饗餐爾宗則癸于單族蓋是其宗耳

欒司徒卣

欒大司徒

子象之子

弘作旅卣

其眉壽子=

孫〻永寶用

周官有天地四時之職是為六卿惟大司徒實掌地事曰樂大司徒則樂者姓氏也宋戴公四世之孫有曰樂莒而後世子孫因以為氏又曰司徒子象之子弘作旅簋言司徒之孫作是器也言旅者舉其衆耳非一器也有旅進旅退非一之狀

名仲考父壺

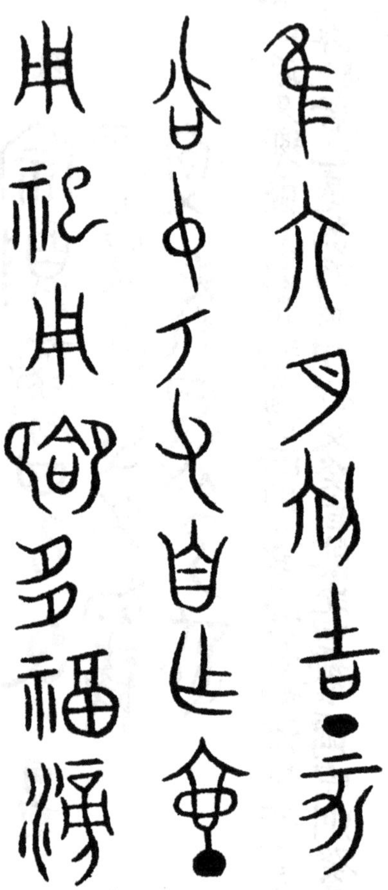

惟六月初吉丁亥

名仲考父自作壺

用祀出饗多福滂

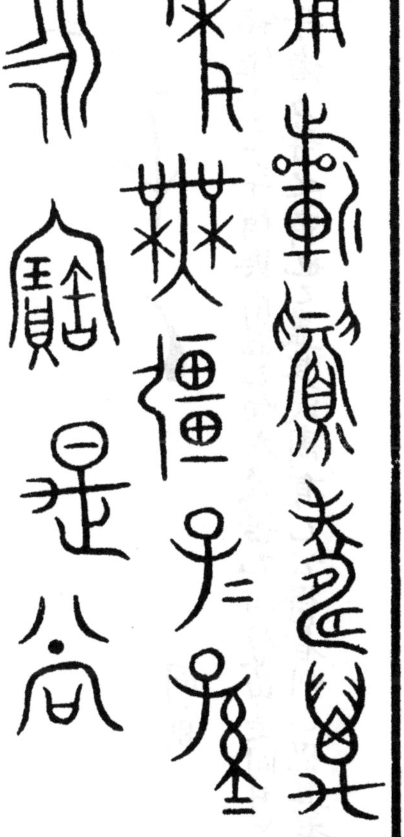

用祈眉壽萬

年無疆子〻孫〻

永寶是尚

小篆壷作壺上為蓋中為耳下為足象形篆也而此壺文更奇古體類大篆已

加于周宣以後物也名仲考父雖於經傳無所見然有周有名伯召虎寔為聞家

令姓豈其功臣之世賢者之類耶而文曰用祀用饗多福滂語極典古周禮朝

踐用兩壷尊用祀之謂也左傳周景王燕晉文伯尊以魯壷用享之謂也許慎

曰渥行沛滂言多福與渥澤也

黃季舟

黃季之季

用其吉金自作
舟其永用之

右銘云黃季之季用其吉金自作舟其永用之舟亦酒器以著沉湎之義

子乙斝一

子乙

子乙斝二

同前

右二銘惟子乙字稍異前器乙向左後器乙向右當是同用之器若旅簋列鼎之類也子者五等之爵也乙蓋其氏周有乙公得者則乙恐其裔耳

父丁斝

右銘曰宁父丁者其作器者之名也周封丁公伋于齊豈伋之子若孫有以宁為名者歟旁一字乃象形矢字得非束矢以表其直之義乎

矢
宁
父丁

歷代鐘鼎彝器款識法帖卷第十二

周器款識

觶　角　彝　匜

父貝觶

何作子
執
木

亞中
貝父
丁辛
尊彝

右銘何作子父貝丁辛尊彝而子作執木形稽之爵卣或以父舉或以父庚為號此云父貝書其名也而是觶則設之祭祀宴享之間所不可癈者此書名所

銘三字亦曰作寶彝字畫高古而不書名豈諱賢也歟

雞單彝

槙雞單

右銘三字曰槙雞單曰單者対向所謂周其冄與乎其有單子也故知單所以為姓曰槙則穆公槙也單自襄公至穆公凡六世而世有明德今所載單父乙鼎銘曰槙單而大鏤亦相似耳

虢対彝

虢叔作

周器言虢対甚多有所謂虢対作尊鬲者有所謂虢対作叔殷鬲者虢言其姓也対言其序也

篆帶彝

作寶尊彝

右銘云作寶尊彝不著名氏器類敦盉而名曰彝彝者法度之器也

冏從彝

冏作從彝

單從彝一

單
冏作從

單從彝二

單彝
冏作從

單從彝三

單
冏作從彝

單從彝四

同前

單從彝五

同前

狄向曰周其爯典乎其有單子也單在周為盛族單自襄公至六世而世有明德問則其名也從言其次耳

司空彝

司空作寶彝

右銘云司空作寶彝空則借用二字蓋三代之時未必字字皆有必依聲託事假借而用之耳

召父彝

召父作乃
寶彝

召父則召公奭也凡周器彝有六而因形以為用見于銘載者類書錫命孝饗此曰作乃寶彝銘簡篆古真周初之物也上一字磨滅未詳以余觀之即考字訛缺耳寔孝享之器也

尌寶彝

尌作寶
尊彝

銘云尌作寶尊彝且尊用以酌彝用以祼是故尊彝之所用也不同此統言尊彝者蓋先王之時用器不中度不鬻于市戒在于作為淫巧以法度為繩約要使其器可尊可法而後已是以沇子作盉而銘曰寶尊盉金作敦而銘曰尊敦父己

作彝而銘曰尊彝虢尗作鬲而銘曰尊鬲此曰尊彝者非六尊之謂也曰尗則周之以尗名者如虢叔榮尗祭尗之類也上一字磨滅故不可考其爲誰也

品伯彝

品伯作
寶尊彝

銘曰品伯作寶尊彝品作三口而一覆其下古人作字左右反正不拘偏旁之位置耳品伯不知何人也

伯映彝

古伯映　作宥作
寶尊彝

伯映于經傳無見大槩與周叔彞相似則知伯映爲周人無疑伯恐其字耳而字畫尤更高古可愛

叔匜

叔作旅匜

右銘云叔作旅匜如伯作寶鬲特以伯仲第其序耳旅匜說在伯溫父甗篇

父癸匜

壽方父癸

按博古錄云周之君臣其有癸號者惟齊之四世癸公慈母也太公呂望實封于齊其子曰丁公伋〻之子曰乙公得〻之子曰癸公慈母〻之子曰哀公臣然則作是器也其在哀公之時歟故銘父癸者此也昔之匜通用於人神此銘父癸則其祭祀宗廟之器耶此匜也而銘有曰壽者豈詩所謂洗壽奠斝之意歟方事洗盥則不可無匜爾

季姬匜

季姬作匜

昔晉文公重耳毋曰季姬齊悼公娶季康子之妹亦曰季姬而文公毋乃翟狐氏女太史公嘗以狐季姬稱之則此曰季姬者必有一於斯焉是匜盥器也易謂盥而不薦則潔已至誠而以奉祭祀者夫人之職此以季姬自銘蓋其職歟

孟皇父匜

孟皇父
作旅匜

博古錄云昔魯桓公之後析為三族有仲孫叔孫季孫爲仲孫於三桓氏為長乃曰孟氏此孟族所由出也是則孟乃仲孫之氏而姓則姬也詩十月之交曰皇父卿士而釋者謂皇父字也然則此皇父亦其孟之字歟曰作旅匜則又言非一器所以御賓客供盥濯者宜非一耳

張伯匜

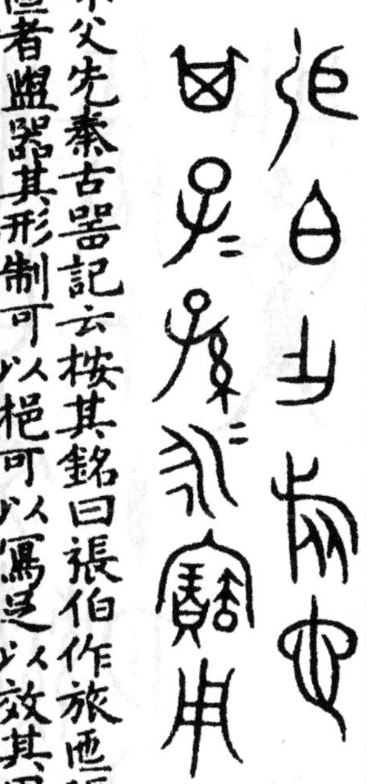

張伯作旅匜

其子孫永寶用

按劉原父先秦古器記云按其銘曰張伯作旅匜張伯不知何世人似尒張仲昆弟美匜者盥器其形制可以杷可以寫足以效其用賛曰伯也何人不見詩書仲友其兄此之謂與鑴鑴寶臣龍角虎軀禮之象類可得求諸

寒戊匜

寒戊作寶匜

其子孫永用

右銘云寒戊作寶匜寒戊必作器者之名也未詳其為誰耳

司寇匜

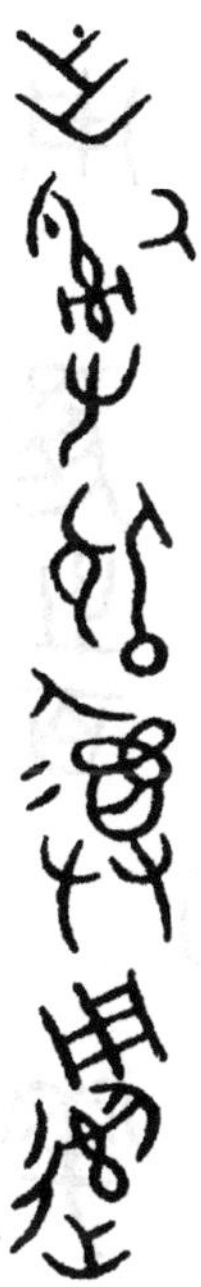

作司寇彝用遣

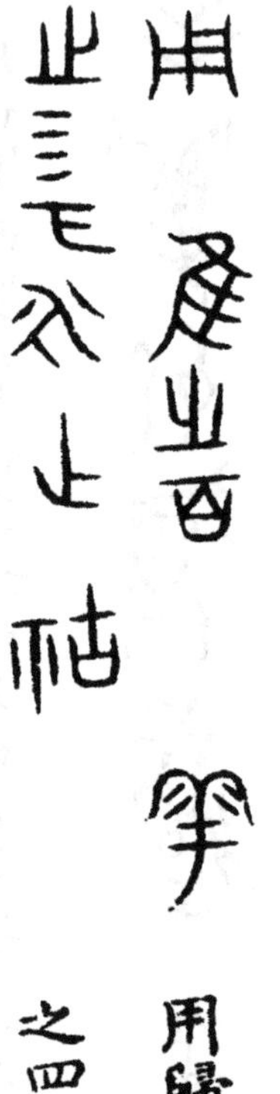

用歸維之百寮粵
之四方永作祜福

右銘三字未傳按周官大司寇之職掌邦之六典以佐王刑邦國詰四方小司寇之職掌外朝之政以致萬民而詢焉則司寇在周官者蓋有小大之異是器銘文曰維之百寮則非大司寇不足以當是語也

文姬匜

器

丙寅子錫貝
用作文姬己寶
彝十一月有三

蓋

析子孫

右銘二十一字初曰丙寅紀其時也次曰錫鬲貝作文姬寶著其名也鎣作析子孫者貽厥子孫之義

義母匜

仲姞義母作
旅匜其萬年
子子孫孫永寶用

博古錄云按國語晉公子重耳過秦穆公歸女五人懷嬴與焉奉匜沃盥既而揮之韋昭以謂嫡入于室媵御奉匜盥是器銘曰仲姞義母作旅匜者盖晉文公重耳娶齊女姜為正嫡次杜祁次偪姞次季隗然杜祁以姞生襄公故巽而上之居第二是為仲姞以隗在狄所娶故巽而已次之是為季隗而祁自居第四昔趙孟嘗曰母義子愛足以威名則義母者杜祁也禮曰銘者自名以稱揚其先祖之美則所謂仲姞者自名也義母者襄公謂杜祁也按通禮義纂以謂媵御交盥盖媵送女之從者御壻之從者夫婦禮始相接廉耻有間故媵御交相為洗以通其志彼其婚姻歟此稱義母則非初嫁之時其子職在焉故也稱旅匜則非交盥

所用特其匜之不一耳

齊侯匜

齊侯作楚姬
賨匜其萬年
子孫永保用

按楚與齊從親在齊湣王之時所謂齊侯則湣王也周室之末諸侯自王久矣銘其器以侯称之尚知止乎禮義盖彝器者法度所自出故其銘如此

杞公匜

杞公作爲子
对姜盥匜

眉壽萬年永
保其身沍越
受福無諆子
孫永保用之

銘曰㠱公作爲子𣏌姜盥匜按㠱者古國名衞宏云與杞同雖形制未傳而字畫奇古文詞典雅極爲可寶

孟姜匜

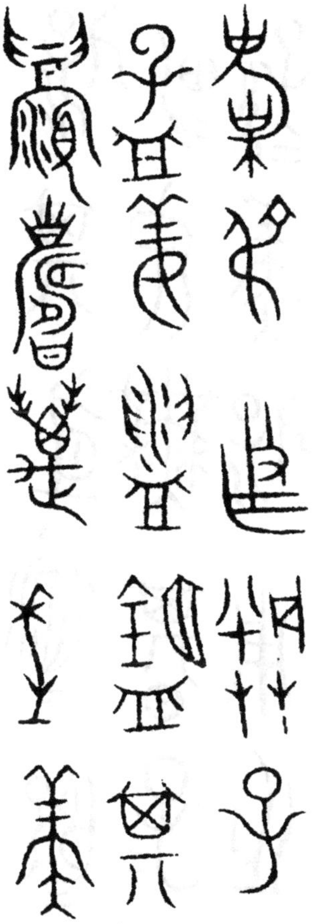

𣏌作朕子
孟姜盥匜其
眉壽萬年永

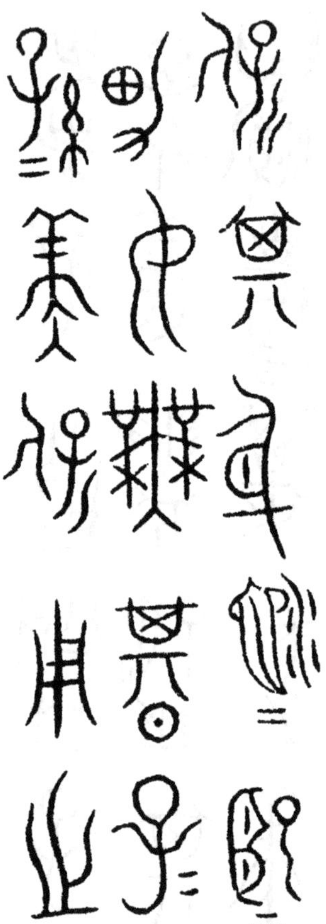

保其身沱〻越〻
男女無諆子〻
孫〻永保用之

右銘对上一字未詳云盂姜盥匜古器物銘云此銘得于淄之淄川初得对匜銘
而匜字从金从匜今此銘从金从匜从皿古書不必同文盖一時所傳如此尔銘
文字畫与杞公匜絕相類盖一時物也

田季加匜

胥

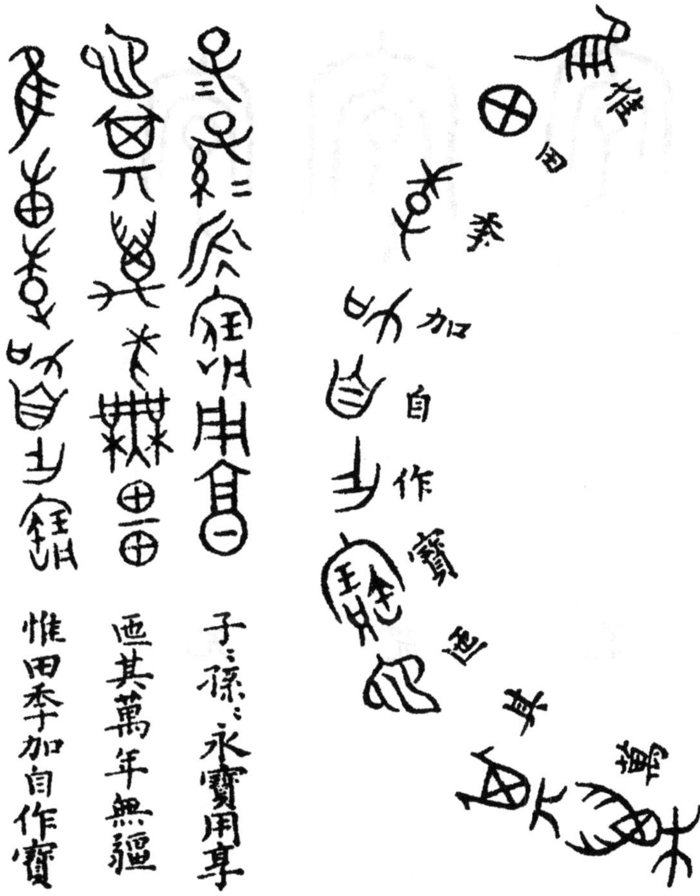

器

子子孫孫永寶用享

匜其萬年無疆

惟田季加自作寶

此匜胥與器各有銘二十一字曰田季加者田姓也季字序也加即其名耳

歷代鐘鼎彝器款識法帖卷第十三

周器款識

兕敦一

兕敦二

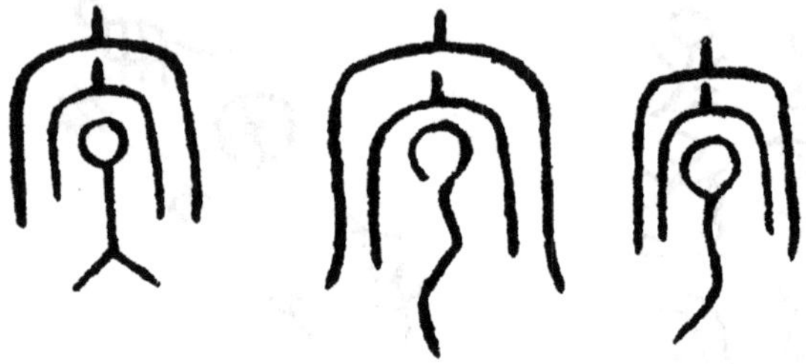

兕　兕　兕

兕敦三

兕

兕

右三器制作一律蓋底皆有銘〻各一字上為屋室之狀下一字曰己當讀曰兕古人用字或如此博古錄云此器蓋上有屋兕之形故以兕名之作屋室之狀者薦之宗廟之器也前二器舊藏　御府後一器宣和間獲于長安水中其制度款識悉同惟闕其蓋耳

周虔敦一

周虔作
旅車敦

周虔敦二

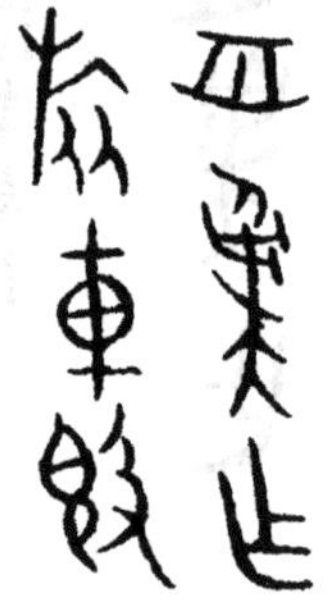

同前

博古錄云師之出征則有宜社造禰之事而奉齋車以行是敦銘之以旅車則必旅之所用舍奠于齋者且師行一軍而為旅者已衆故其敦不一則三以數之此特得其二而已其曰虔者必當時主將之名蓋不可得而考矣王楚釋虔為虞字

仲酉父敦

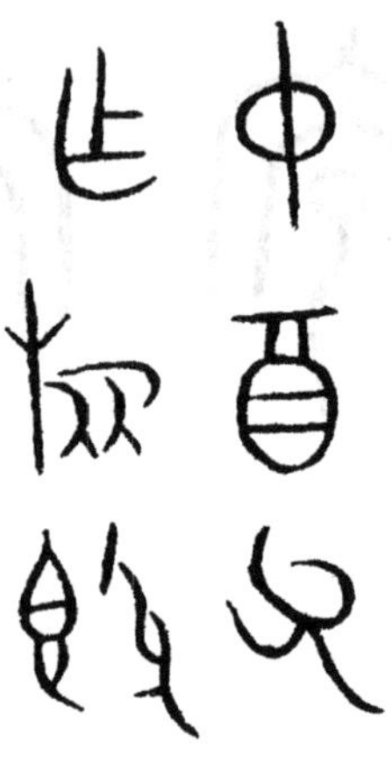

仲酉父

作旅敦

仲酉父經傳無所見而曰旅敦者與周虞作旅車敦同蓋旅取其衆如張伯作旅匜付作旅匜之類明其非一器耳

達敦

達作寶敦
其萬年子
孫永寶用

右敦銘得于王炎公明家藏墨本其器舊藏永興軍駐泊都監曹侁家治平改元二月十五日河南趙君章晦甫曾為釋其字云某作寶敦其萬年子孫永寶用上一字不可讀後于元豐六年七月廿五日湖簽文安國于吳興倅聽与燕文甫于彥楚同觀文安國云是達字達從羍而此从羍疑古文羍与羍通用是為達字無疑矣

紨旦敦

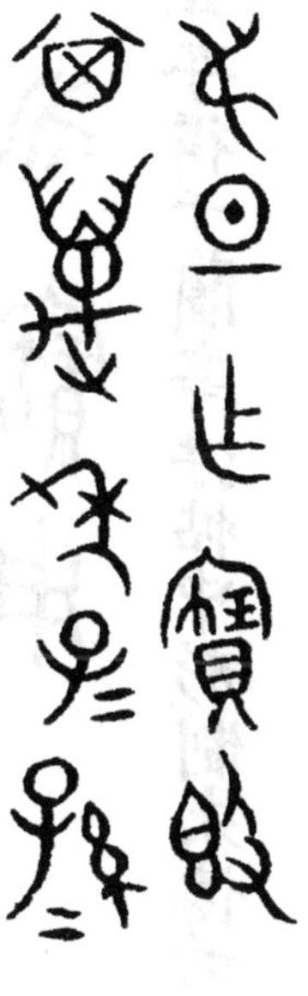

叔旦作寶敦
其萬年子〻孫〻

永寶用

右銘十五字得于蘭亭法帖中形制未傳不可得而考矣

伯庶父敦

惟二月戊寅

伯庶父作

王姑周姜尊

敢其永寶用

歐陽文忠公集古錄云此器嘉祐中劉原父得于扶風曰伯庶父作周姜尊敦伯庶不知為何人考古云王姑周姜稱姑婦辭也王姑夫之王母也作器者伯庶父也或謂王姑者王父之姊妹然王父姊妹當從之否則有歸宗及殤附祭可也亦不容制器以祭

伯冏父敦

伯冏父作周姜
寶敦用夙夕享
用祈萬壽

同前

按歐陽文忠公集古錄云尚書冏命序曰穆王命伯冏為周大僕正則此敦周穆王時器也按史記云年表自厲王以上有世次而無年數共和以後接乎春秋年數乃詳蓋自穆王傳共孝懿夷厲五王而至于共和自共和至今蓋千有九百餘年斯敦之作在共和前五世而遠也古之人欲存乎久遠者必託之金石而後傳其湮沉埋沒顯晦出入不可知其可知者久而不朽也然歧陽十鼓今皆在而文

字剥缺者十三四惟古器銘在者皆全是以古之君子器必用銅取其不爲燥濕寒暑所變爲可貴以此也古之賢臣名見詩書者常爲後世想望矧得其器讀其文器古而文奇自可寶而藏之耶又按劉原父先秦古器記曰以敦得于藍田敦者有虞氏之器周禮有金敦有玉敦王敦以盛血天子以盟諸侯金敦以盛黍稷大夫主婦以事宗廟此金敦也其銘曰伯冏父作周姜寶敦用夙夕享用祈萬壽益穆王大僕正周畿内諸侯食菜於周者皆周家之後然則伯冏周之裔孫也復作贊曰穆滿旣荒周巡天下祭公作栝實正王過冏亦正僕其僚遵度銘器貽世以續妣祖載祀二千示我懿矩

史張父敦

史張父作
尊敦其萬
年永寶用

右銘曰史張父者史著其官也張称其氏也曰父則又見其尊焉

蒯仲敦

蒯仲奠父作
尊敦其萬年
子〻孫〻永寶用

右銘曰蒯仲奠父作尊敦言蒯者春秋之時魯有南蒯鄭有孫蒯晉有邢蒯齊有中蒯衛有屠蒯此曰蒯者不知其為誰也曰仲奠父者乃其字耳

師望敦

大師子師
望作[illegible]彝

博古錄云史記齊世家太公望呂尚東海人其先祖嘗為四岳佐禹平水土有功或封于申或封于呂本姓姜氏從其封姓故曰呂尚〻年老窮困以漁釣于周西伯西伯將出獵卜之曰所獲非龍非彲非虎非羆所獲霸王之輔獵于渭陽得尚与語大悅曰自吾先君太公望子久矣故號太公望載与俱歸遂立為師其名曰太師者蓋紀其官也望則稱其號耳是器與周師望簋銘文政同殆一時物耶

雁侯敦

雁侯作姬原
母尊敦其萬
年永寶用

同前

愽古云按周室武王苐四子曰雁侯其後乃有雁姓則雁者周武王之子曰姬邍
母尊敦於是又言邍者武王之姬雁侯之母也邍與原同蓋古之姓氏耳

刺公敦一

伯㯱虘肈作
皇考刺公尊
敦用享用孝萬
年眉壽畯在

剌公敦二

位子〻孫〻永寶

同前

此敦曰皇考剌公𩜁敦亦曰剌祖乙伯按太公望子丁公伋〻子乙公得是知剌公乃乙公族也二器銘款悉同亦一時宗廟之器皆曰用享用孝也

屈生敦

屈生韐作
寶敦子孫
其萬君年
用享如在

屈其姓也韐其名也曰生如龍鼎稱龍生之類後言用享如在乃宗廟之器有祭神如神在之義

叔𤞞敦

炑𤞞生作尹
姞導敦其萬
年無彊子孫
永寶用享孝

炑猶生者叔伯仲之序也猶則其名耳曰生則如龍生屈生之類

仲駒敦一

寶用享孝
敦子〻孫〻永
父作仲姜
祿旁仲駒
祿旁仲駒
父作仲姜
敦子〻孫永
寶用享孝

盖

同前

器

同前

仲駒敦蓋

寶用享孝
敦子孫永
父作仲姜
禄旁仲駒

三器皆曰仲駒父其國氏及世次皆未詳功臣表有騏侯駒左傳有駒伯為郤克軍佐則駒其姓也若曰齊景公卒冬十月公子駒奔衛則駒其名也豈非公子駒以伯仲而曰仲駒父耶檀弓云幼名冠字五十以伯仲称周道也子生三月父名之二十而冠尊其名而立其字五十為大夫則尊其字而呼以伯仲也仲姜者盖仲駒父之母或祖也或以為仲駒父妻則禮曰夫不祭妻是以知其為母或祖也按春秋凡婦人皆以字配姓伯姬仲子季姜之類是也仲姜亦字配姓也齊許申吕皆姜姓此則未詳其何國女夫器有用器有祭器凡銘有享孝追孝祀禪者皆祭器九嬪職云凡祭祀賛玉齍而玉齍之制不見於傳注今宗廟中乃與瑚璉是

為關嚣豆鄭元所謂敦瑚璉簠簋皆黍稷之器者歟噫兩漢去聖未遠煨燼之餘禮樂度數所泯絕者眇邈已不可追當是時綴學之士所以斷蘭遺編補緝詁訓斷以臆說故三代禮文雜以漢儒之學由是後世祖述者異端紛糾無所歸止今復見三王之完器乃可以知聖人制作之有俾有志于古者有所考信豈小補哉

肇父敦

肇父作姬𪓐
賸敦其萬年
眉壽永寶用

肇父作姬𪓐賸敦肇从聿而此從子既曰姬𪓐又曰賸敦形制未傳故未可考也

歷代鐘鼎彝器款識法帖卷第十四

周器款識

敦

散季敦

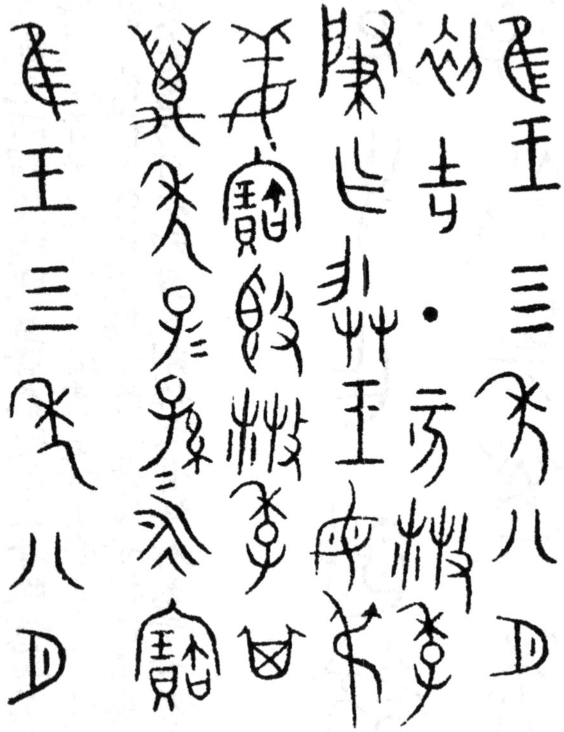

惟王四年八月
初吉丁亥散季
肇作朕王母叔
姜寶敦散季其
萬年子孫永寶

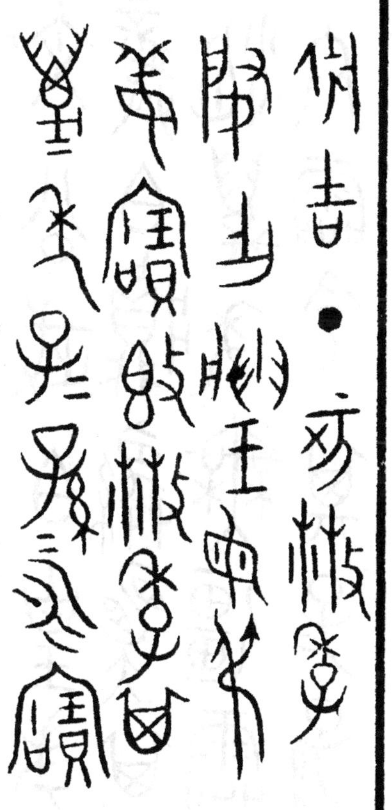

同前

博古録云考其名乃散季爲王母叔姜作也昔之人神祀饗食之禮其彝器食飲每通用之既以人道事乎神又以神道享乎人此家廟中與夫平日燕居之器皆得銘而用之初無別也散季之銘叔姜敦亦有一於是矣當商之末世周之盛德文王在下遵養時晦於四方之賢者盡歸乎來如太公望散宜生之徒莫不咸在文王者得此數臣以之爲輔故丕顯之謨足以貽於初不承之列得以繼于終迨夫天之曆數有歸於周武王作太誓以誥于衆則太公望有鷹揚之從散宜生有執劍之衛事業昭昭載之史冊蓋彼皆以文王舊臣受顧命之托而成此功焉今觀是敦考諸銘識在惟王四年八月也且文王之世散季已爲之輔而歷數猶未歸則知所紀之四年肇而作此者蓋武王時明矣又按考古録云

以太初歷推之文王受命歲在庚午九年而終歲在己卯書曰惟九年大統未集武王以明年改元十三年伐紂乃壬午歲實武王即位之四年敦文曰惟王四年王盠武王也是年一月辛卯朔書曰惟一月壬辰旁死魄旁死魄二月也是歲二月後有閏自一月至八月小盡者四故八月丁亥朔与敦文合武王之時散氏惟閎散宜生季疑其字也

⿱罒吳敦

⿱罒吳作皇祖益公
文公武伯皇考
龔伯將彝⿱罒吳其
洍萬年無疆令
終令命其子孫

永寶用享于宗室

博古錄云按此器乃敦而銘謂之㬎者槩器之揔名故不言敦㬎必諸侯也故祭及四世蓋以古之諸侯有五廟大夫有三廟而傳言學士大夫則知尊祖謂過祖則無及矣武伯龏伯以謚配字爲言如文仲穆伯之類孟公文公則言其爵蓋不沒其實也如周有天下至于不窋古公亦或不以爵稱又況於諸侯歟

師毛父敦

惟六月既生霸戊

戌旦王格于大室

師毛父既立邢伯佑

內史冊命錫赤市

對揚王休用作寶敦

其万年子孫其永寶

大室者廟中之室言大以別其次者如寢有世室是也戠敦云王格于太室牧敦云格大室盂周之時受四方諸侯之朝必於其廟亦不敢專耳詩言嗣王朝于廟者此也是廟皆謂之室也曰毛父則史称武王克商毛叔奉明水蓋史稱叔者字也春秋書毛伯者爵也郝敦亦云伯毛內門立中廷佑則毛父其人歟以古者始字之曰仲伯及其德卲則又言其父焉若夫言內史冊命者以內史凡命諸侯及孤卿大夫則冊命之耳

孟姜敦

㚸孫父作孟

姜尊敦綰綽

眉壽永命彌久

生萬年無疆子

孫〻永寶用享

曰朴孫者蓋朴孫氏出于桓公之後曰父者尊之也曰作孟姜尊敦姜齊姓也齊曾婚姻之國孟則長矣以别於仲季之称与詩所謂孟姜同意

虢姜敦

虢姜作寶尊敦用

禪追孝于皇考惠

仲祈匄康𩛋純佑

通禄永命虢姜其

萬年眉壽受福無

疆子孫永寶用享

右銘曰用禪追孝于皇考惠仲者宗廟祭享之器也祈匄康嗣紹佑通祿永命文意與微欒鼎相類殆一時器耳

戠敦

惟正月乙子王格于大
室穆公入佑戠立中廷
北鄉王曰戠命汝作司
土官司耤田錫汝戠
衣赤環芾鑾旂楚徒
馬服五服用事戠拜
稽首對揚王休用作朕
文考寶敦其子孫永用

按考古圖云其銘與鄦敦相似銘文云正月乙子及商兄癸彝亦曰丁子日辰剛柔不相配疑乙子即甲子丁子即丙子世質人淳取其同類未甚區別不然殆不可考蔡博士碊筆云晉文城濮之戰獻楚俘於周駟介百乘徒兵千而敦文有曰楚徒者乃以楚之徒兵錫之禮諸侯不相遺俘天子得以錫侯國

宰辟父敦一

惟四月初吉王在辟宫宰
辟父佑周立王冊命周曰
錫汝華朱芾玄衣束帶於
鋚革錫戈琱戟彤矢用饑乃

祖考事官司節僕小射底敷
周稽首對揚王休命用作
文考寶敦其子子孫孫永寶用

釋音同前

宰辟父敦二

惟四月初吉王在辟宮宰
辟父佑周立王冊命周曰
錫汝華朱芾玄衣束帶旂
鋚革錫戈琱戟彤矢用餴乃

祖考事官司節僕小射底
敷周稽首對揚王休命用作
文考寶敦其子子孫孫永寶用

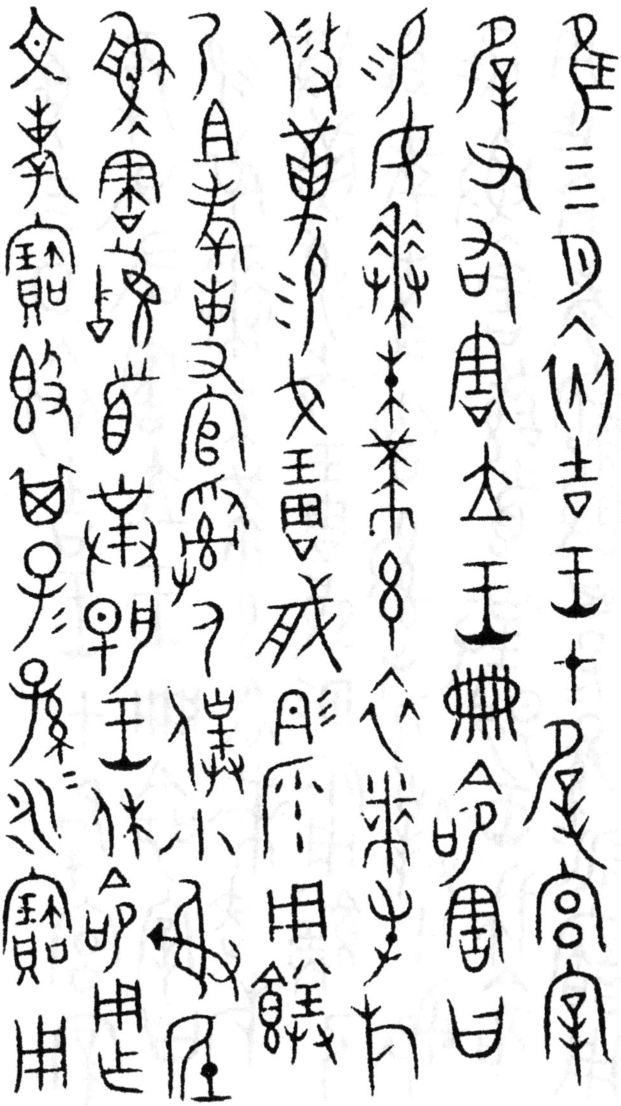

釋音同前

宰辟父敦三

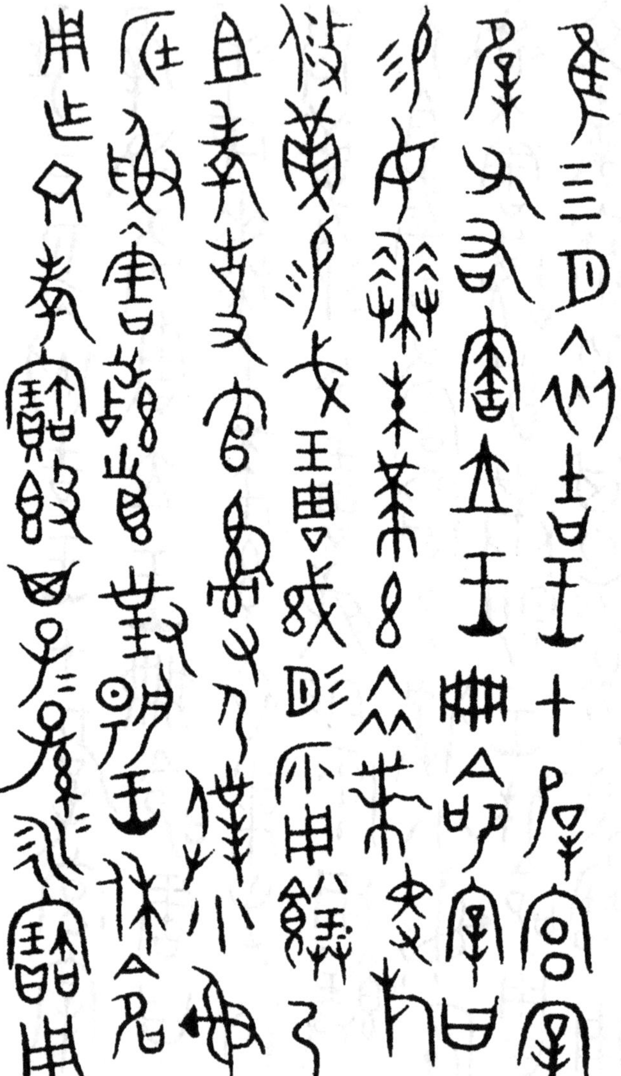

惟四月初吉王在辟宫宰
辟父佑周立王冊命宰曰
錫汝華朱芾玄衣東帶㫃

鋚革錫戈琱戟彤矢用饙乃

祖考事官司節僕小射

底敷周稽首對揚王休命

用作文考寶敦其子孫永寶用

三器形制款識悉同乃一時物也其銘曰周者晉公子周悼公也悼公文襄之後故有用作文考寶敦之辭古者錫有功則必有彝器以紀其事且以告于家廟焉如秬鬯一卣告于文人是也卣飲器敦食器其為銘一也是敦之銘亦曰用饙乃祖考者謂此

右敦

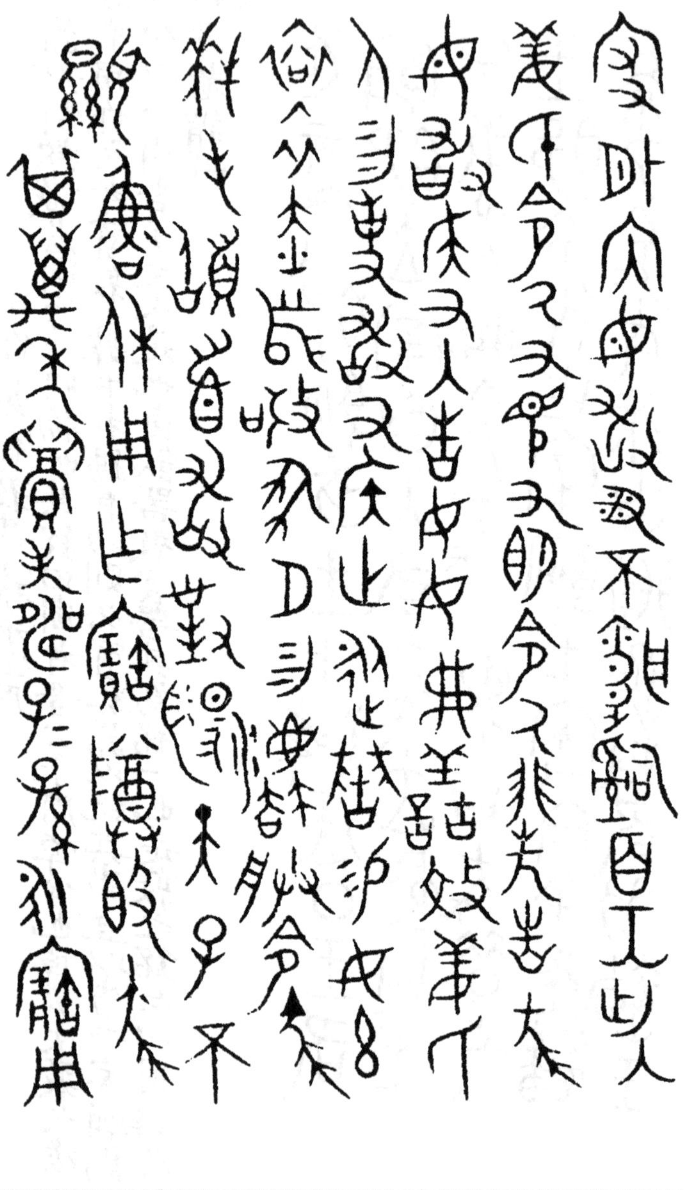

惟元年既望丁亥王在雝位旦王格
廟即立宰曶入佑尨立中廷王
呼史大冊命尨王若曰尨昔先

王既命汝作宰司王家今余惟曈
京乃命汝洎曰繼乃對格從司王
家外內毋敢有不聞司百工入
姜氏命乃有𧨺有即命乃非先告尨
毋敢侯有入告汝汝弗善效姜氏
人勿事敢有侯止從獄錫汝玄
衮衣赤舄敬夙夕勿灋朕命尨
拜手稽首敢對揚天子不
　顯魯休用作寶尊敦尨
　其萬年眉壽子子孫孫永寶用

尨乃其名也鄭有大夫公子尨周鼎亦有尨生鼎公子尨者嘗為大夫而此敦冊
命尨作宰司王家而錫之以玄衮衣赤舄想非所謂公子尨也此言夙夕勿灋朕
命實簋亦曰夙夕勿灋朕命晉姜鼎亦云勿灋文侯顯命齊侯鎛鐘云弗敢灋乃命
而灋皆用法蓋法有時而廢故古人通作廢字猶治亂謂之亂也

祁敦一　先秦古器記
劉原父所藏

盂

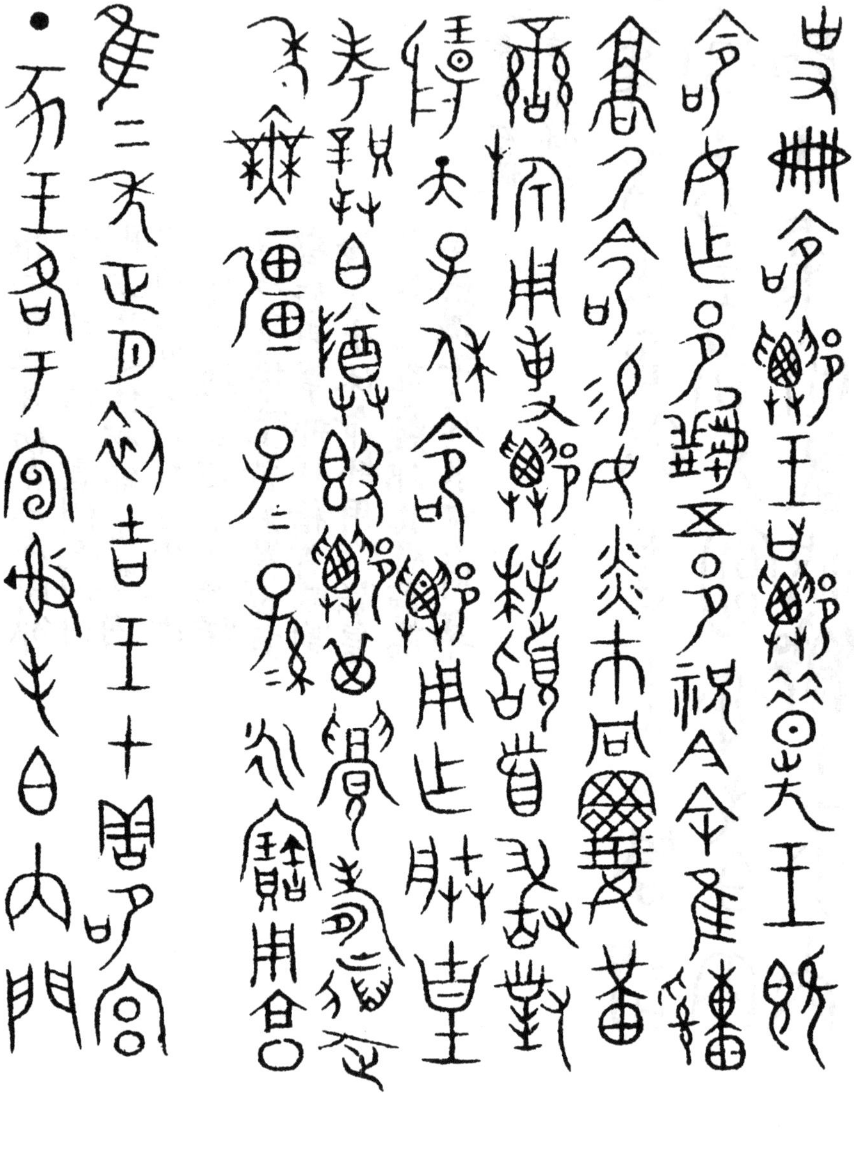

鄦敦三

古器物銘

器

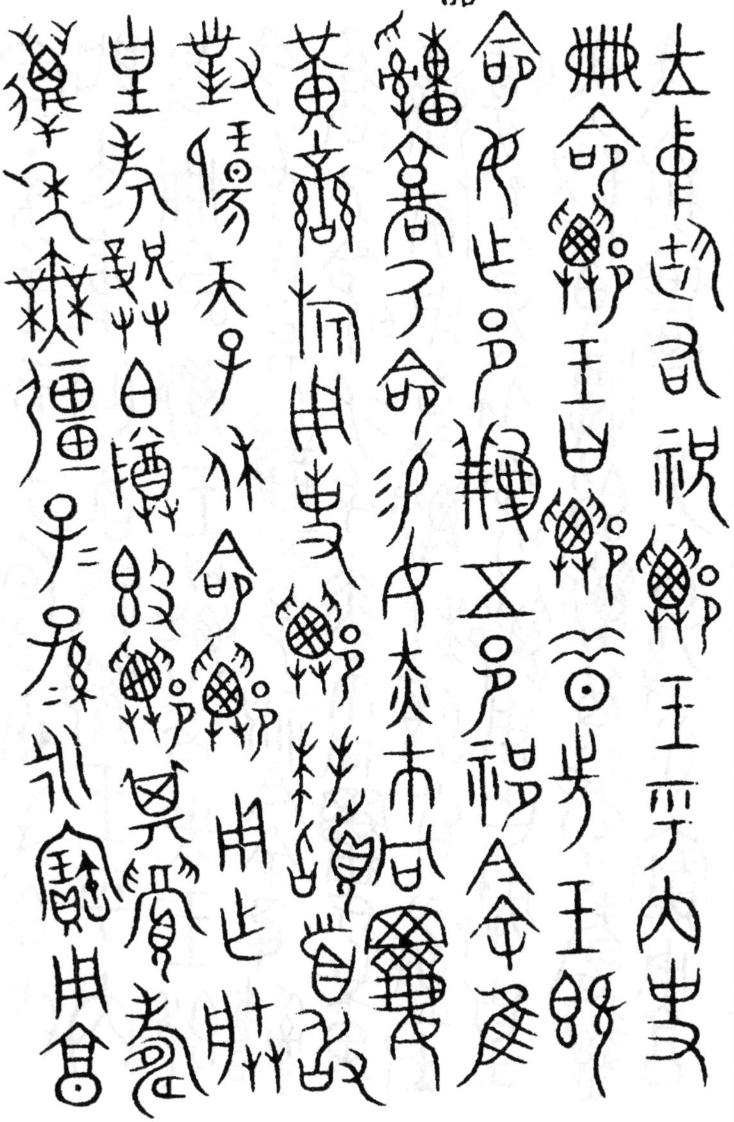

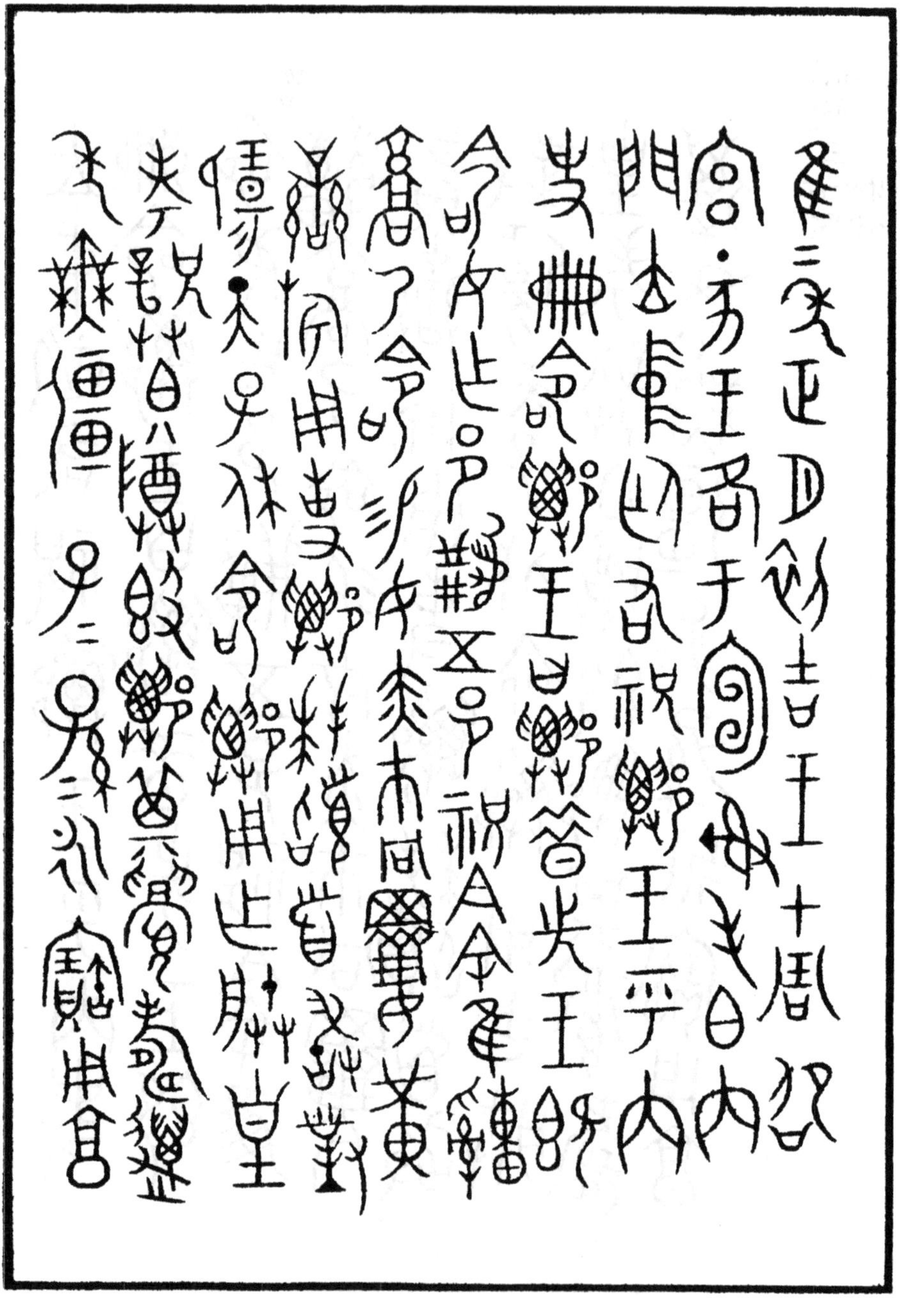

按歐陽文忠公集古錄云此銘嘉祐中劉原父以翰林侍讀學士出為永興路安撫使其治在長安原父博學好古多藏古奇器物能讀古文銘識考知其人事蹟而長安秦漢故都時時發掘所得原父悉褒而藏之以余集古文故每有所得必摹其銘文以見遺此敦得其蓋於扶風而有此銘原父為余攷按其事云史記武王克商尚父牽牲毛叔鄭奉明水則此銘謂鄭者毛叔鄭也銘称伯者爵也称叔者字也敦乃文武時器以愚考之此字從廾从邑廾字史籀作𢍏而此敦口鄉則謂之郱無疑呂氏考古亦作郱字而劉原父謂之鄭者非也呂氏又曰此三敦同制同文則知古人作器勒銘非一物器皆有是銘也郱周大夫也有功錫命為其考作祭器也宣榭蓋宣王之廟也榭射堂之制也其文作𢼸古射字執弓矢以射之象因名其室曰射音謝後从木其堂無室以便射事故凡無室者謂之榭爾雅云宣王之廟如榭故謂之宣榭春秋記成周宣榭火以宗廟之重而書之如桓僖宮之比二傳云藏禮樂之器非也又有戠敦云王格于大室亦廟也古者爵有德而祿有功必賜于太廟示不敢專也祭之曰一獻君降立阼階之南南鄉所命北面史由君右執策命之再拜稽首受書以歸而舍奠於其廟毛伯內門立中庭右祝郱者毛伯執政之上卿也入廟門中其庭立祝与郱皆在其右也王呼內史策命郱者內史掌諸侯孤卿大夫之策也王曰者史執策贊王命以告郱也赤芾彤冕齊黃鑾旂所錫車服齊黃者馬齊色也郱拜稽首用作皇考龏伯寶尊

敦者所謂受書以歸舍奠於其廟也此策命之禮古器多有是辭故詳釋之

師僖敦

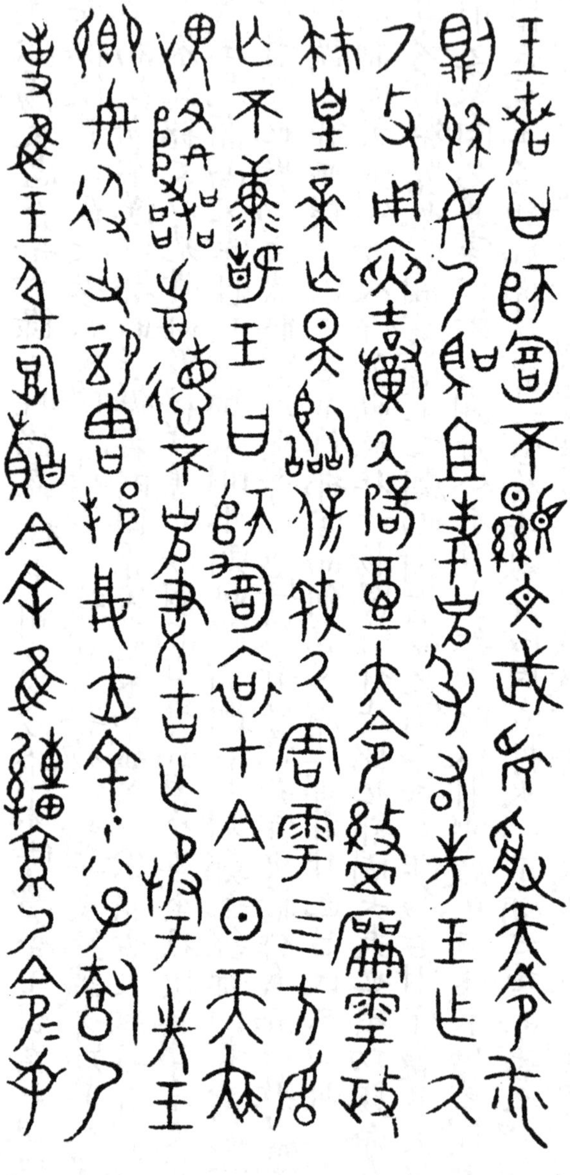

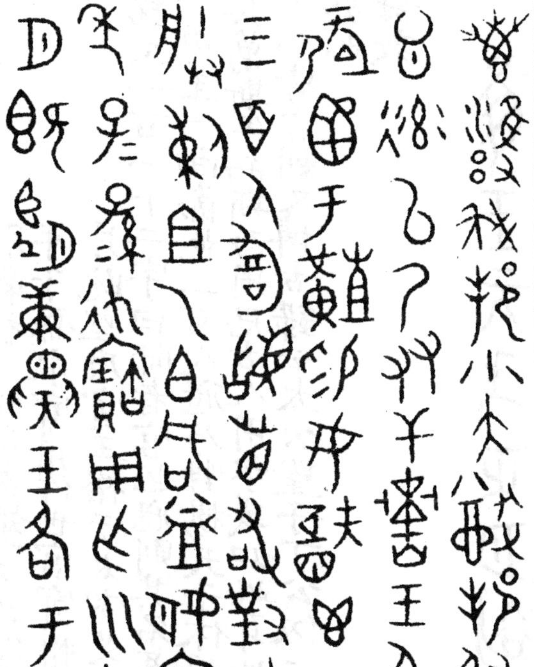

王若曰師訇丕顯文武膺受天命亦
則於汝乃聖祖考克　佑先王作乃
用夾召乃辟奠大命盩和雩政
皇帝亡昊臨保我乃周雩四方
無不康靜王曰師訇哀哉今日天疾
俾降喪首德不克盡古無承于先王

鄉汝　䣙周邦妥立余小子載乃
事惟王身鎬　今余惟噇京乃命=女
惠雝我邦小大猷邦司潢辥敬明乃
心率以乃友干　王身谷　汝弗以乃
辟　于鄭錫汝秬鬯一卣圭一面鄮邑
三百人𠑇稽首敢對揚天子休用作
朕剌祖乙伯咸益姬寶敦𠑇其萬思
年子=孫=永寶用作世宮寶惟元年二
月既望庚寅王格于太室艾內右廷

銘文二百一十二字曰師者官也𠑇則其名耳乃嗣王命𠑇惠雝我邦錫以秬鬯
一卣圭一面鄮邑三百人𠑇乃對揚天子休用作朕剌祖乙伯咸益姬寶敦又云
其萬斯年而斯乃用思古人用字或如此耳此敦言剌祖乙伯剌公敦云皇考剌
公而皆言剌又博古錄云太公望子丁公伋=于乙公得以此知剌公乃乙公之
族也

師𣪘敦

隹王元年正月初吉・丁亥

惟王元年正月初吉丁亥

伯和父若曰師毀乃祖考
有婚於我家汝佑惟小子
令命汝死我家繼治我西
偏東偏僕馭百工牧臣妾
東栽內外無敢不善錫汝
戈琱戟縞韠彤矢十五錞
鐘一磬五金敬乃夙夜用事
毀拜稽首敢對揚皇君
休用作朕文考乙仲將彝敦
毀其萬年子子孫孫永寶用享

博古錄云此銘伯和父者和衛武公也衛自康叔有國至武公已三世矣武公能脩康叔之政平戎有功故周平王命之為公令觀文著伯和父稱若曰則知代王而言者也其謂師毀乃祖考婚於我家則知為周室之姻婭舊族耳方茲時師毀治其東偏為有功焉故銘厥功而錫是敦以章其善且復見戈矛錞鐘之物不一等可謂盛矣然世系所出則前史既闕無所考證不得其傳焉

牧敦

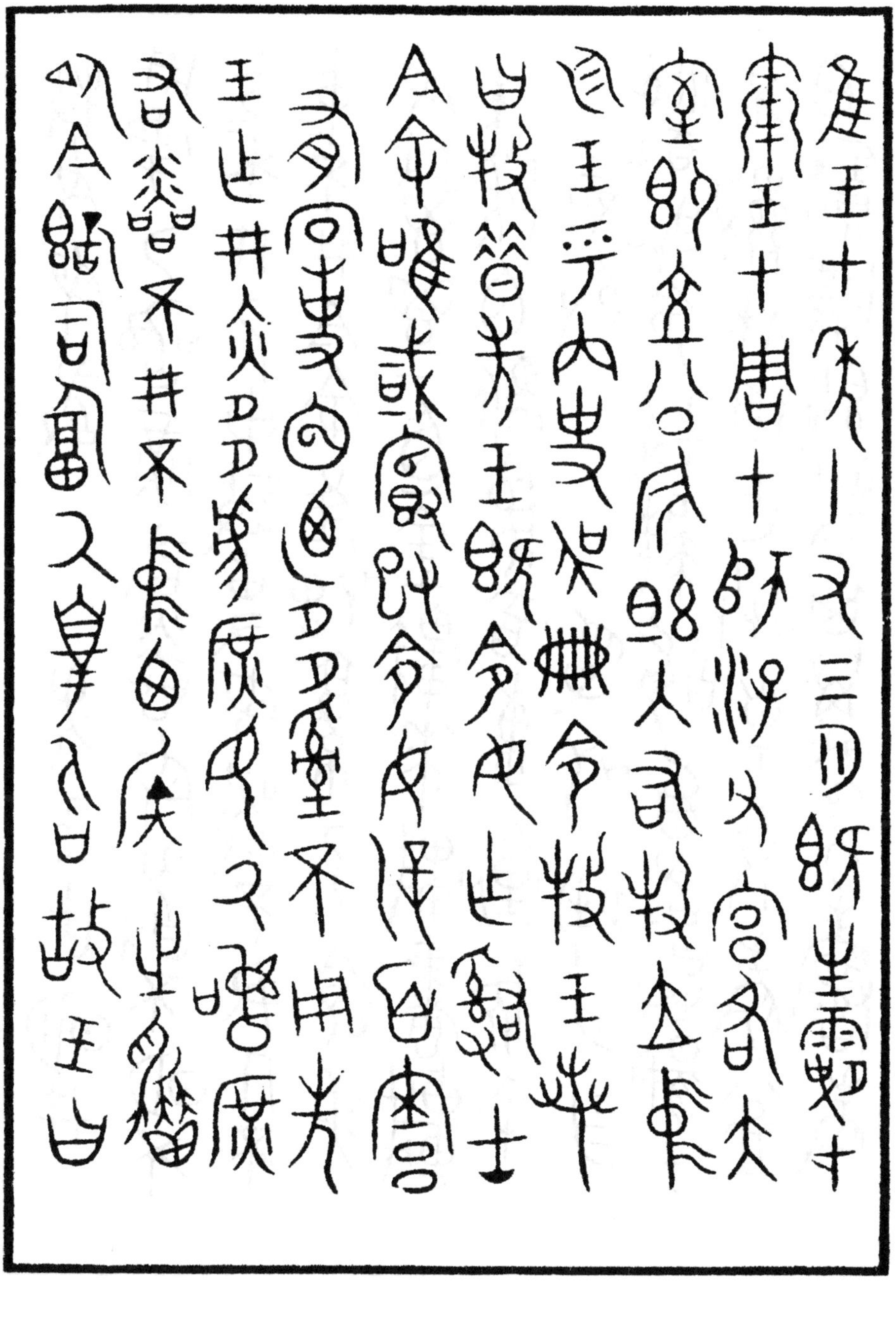

朱虢卣　虎冟練裡旂余
三斫服　乎敬夙夕勿
癈朕命牧拜稽首敢對揚王
丕顯休用作朕皇文考益
伯寶尊敦牧其萬年壽考
子〻孫〻永寶用

考古錄云此敦銘與郝敦戠敦相似所錫有秬鬯一卣皮虎冟練裏之類與寅簋相似司服所掌五冕無虎冕先儒釋毳冕之章宗彝為首宗彝有扁蜼故謂之毳以是考之虎冕即毳冕也如荀卿云天子山冕〻〻即龍衮也有山龍之文或曰山冕或曰龍衮皆舉一物以名其服

敔敦

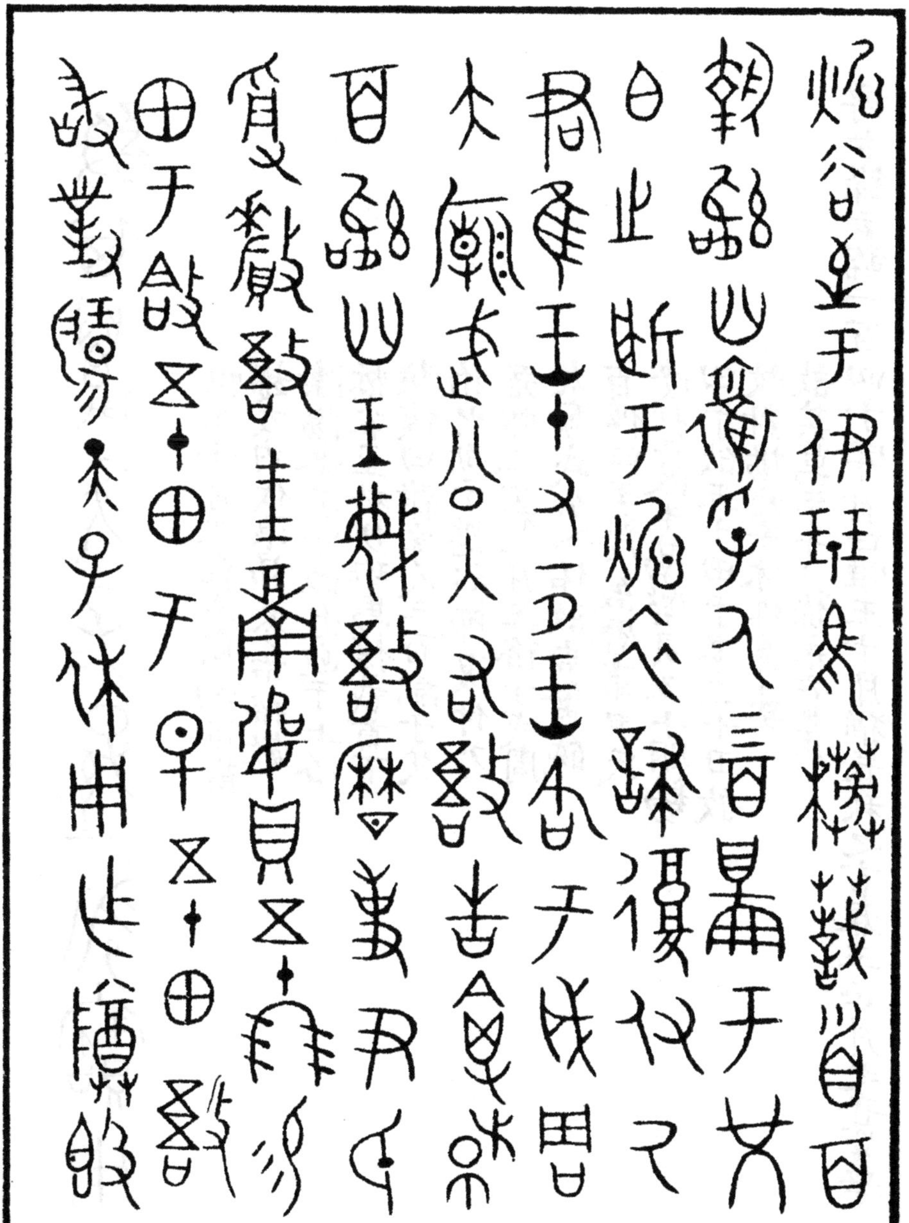

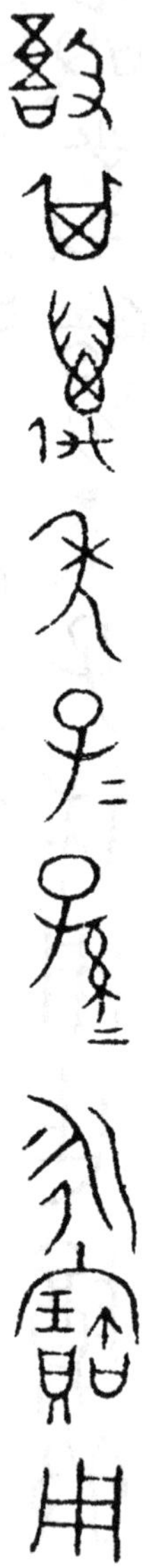

惟王十月王在成周南淮節
遷及內伐浪昴參怡裕敏
陰陽洛王命敔追迎于上洛
炘谷至於伊班馬撈戠首百
執傒曰雜孚人三百鄙于艾
伯之斷于炘衣怖澓付乃
君惟王十有一月王格于成周
太廟武公入佑敔告禽馘
百傒曰王蔑　敔曆事尹氏
受釐敔圭萬潔貝五十朋錫
田于敜五十田于早五十田敔
敔對揚天子休作尊簋
敔其萬年子〻孫〻永寶用

博古錄云銘一百四十字首曰惟王十月猶春秋之言春王正月之意蓋言王所

以尊主言月所以謹時又曰王在成周者猶詩之言王居鎬京周公既成洛邑明天下知所歸往也曰及內伐浪昂卯猶詩之所謂薄伐玁狁至于太原者矣曰王命敔追迎于上洛猶詩之出車以勞還杕杜以勤歸者矣執俘曰雜孚人三百洋宮之執訊獲醜之意也曰十有一月格于成周大廟告厥成功于廟之意也曰敔告禽馘百傒曰者有同乎獻馘曰尹氏受釐有若乎告廟之終並受其福曰圭萬幣貝五十朋者蓋錫以圭辟以作爾寶鑄以鼎彝以著其功與之幣帛以將其意而其數之多至五十朋是矣而又錫以土田之衍則受錫者豈得傲然自居其寵耶宜乎對揚天子之休命而歸美以報其上焉亦猶詩所謂虎拜稽首天子萬年之意歟是敔也不惟製作精工而又字畫奇古其間辭意與商周之書雅頌之文相為表裏楊雄言周書噩噩爾殆有見於茲也

歷代鐘鼎彝器款識法帖卷第十五

周器款識

簠　簋　豆　盉　匜鋪同

史黎簋一　古器物銘

史黎簋二　考古云藏扶風乞伏氏

史黎作簋

同前

二器銘文同而字畫小異史其官也黎其氏也　二字皆籀文耳

鄭子斯簋一　向濳本

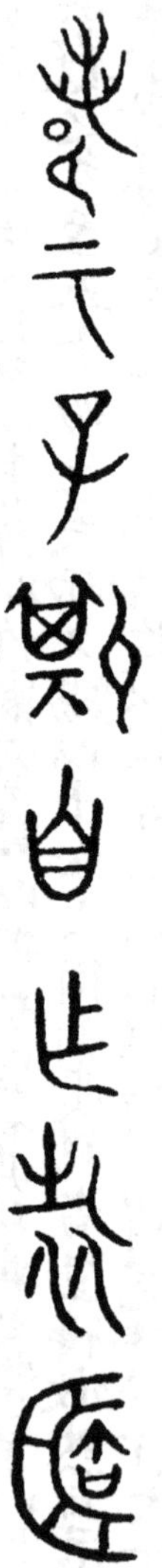

鄭于子斯自作旅簋

鄭子斯簋二　古器物銘云藏宗室仲爰家

鄭于子

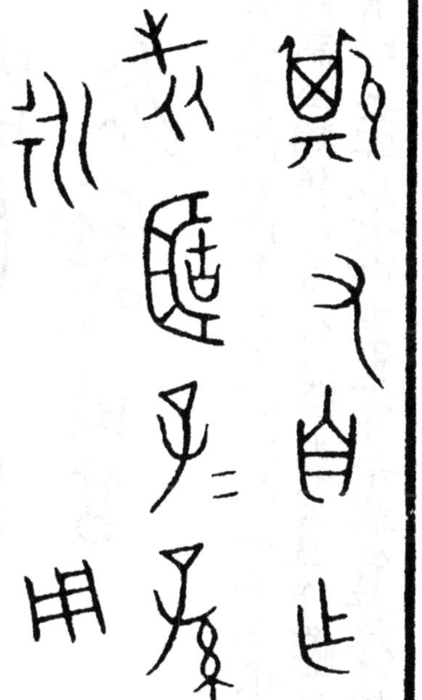

斯父自作

旅簠子孫孫

永用

右二器銘文詳略不同皆称鄀子子斯鄀者國名左氏傳曰秦楚之界小國也子斯者名或字耳

劉公簠　一名杜嬬鋪藏李伯時家

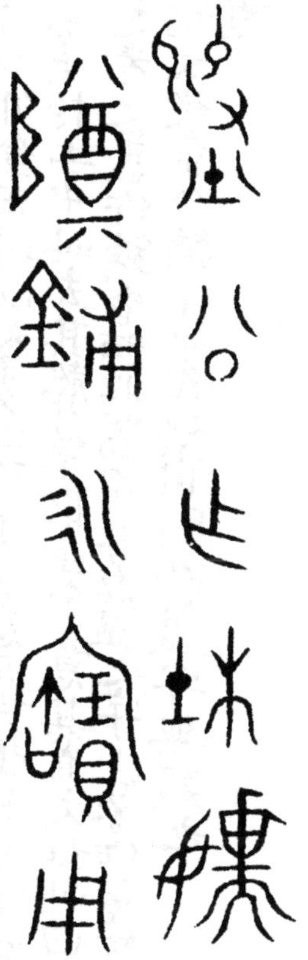

劉公作杜嬬

尊鋪永寶用

按周靈王時有劉定公簡王時有劉獻公此曰劉公未審其誰也然言公而不言

謚以其劉公自作是器追享杜嬬宜乎不言其謚也劉字从卯金刀而說文止有鐂字从卯金田此以又易田乃近刀意而許慎解金字今聲也下从土丕注兩旁象金生於土中此去其聲單取生金意其省文如此曰杜嬬者無見於書傳以愚考之簠盙作鋪者鋪非器用之名簠之字小篆作簠籀文作⿷匚金盖小篆从甫而籀文從金今鋪字从金从甫則為簠盙字無疑也

太公簠

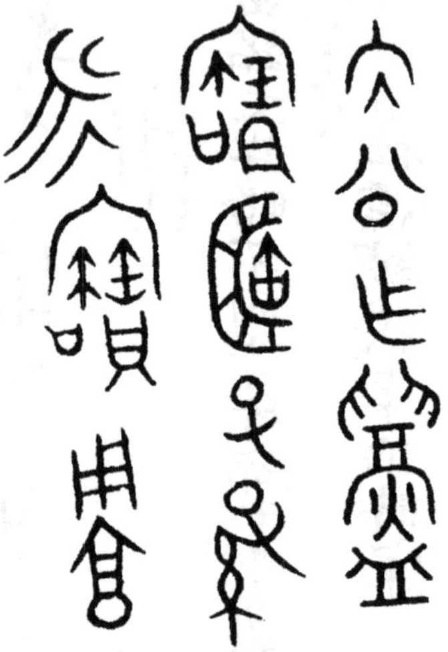

太公作寡
寶簠子孫
永寶用享

考古云按舊圖云咸平三年同州民湯善德獲于河濱以獻此器與張仲及史黎二器形制全類張仲簠盙作⿷匚夫史黎簠作⿷匚古此簠作⿷匚㚔張仲从夫史黎從古此从㚔者皆㚔字从夫即古簠盙字㚔與簠盙聲相近故古人皆同為簠盙字亦

尌邦父簠

尌邦父作簠
用征用行用
從君王子孫ミ
其萬年無疆

尌邦父莫知其爲誰特春秋轅氏名邦益季皆之子也寅簠銘亦曰叔邦父豈非一種器耶曰用征用行則尌夜鼎亦銘以征以行案字書云征正行也凡言征者皆以正行銘之臣有從君之義故又斷之曰用從君王也

張仲簠一

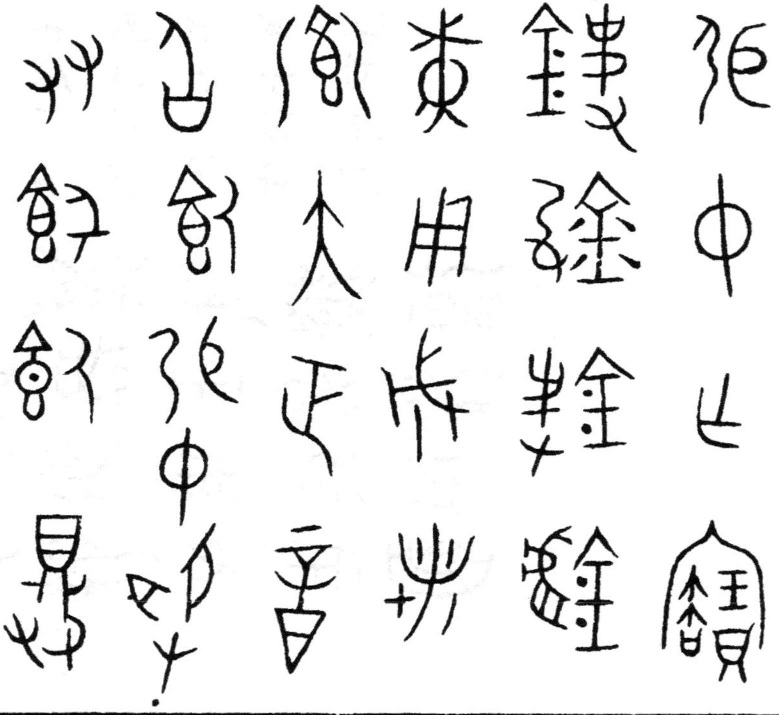

張仲作寶
鉄銑鉄鋶
黄用盛諸

饗大正音
㠯飼張仲受
友飧飼鼎

張仲簠二
考古圖

釋音同前

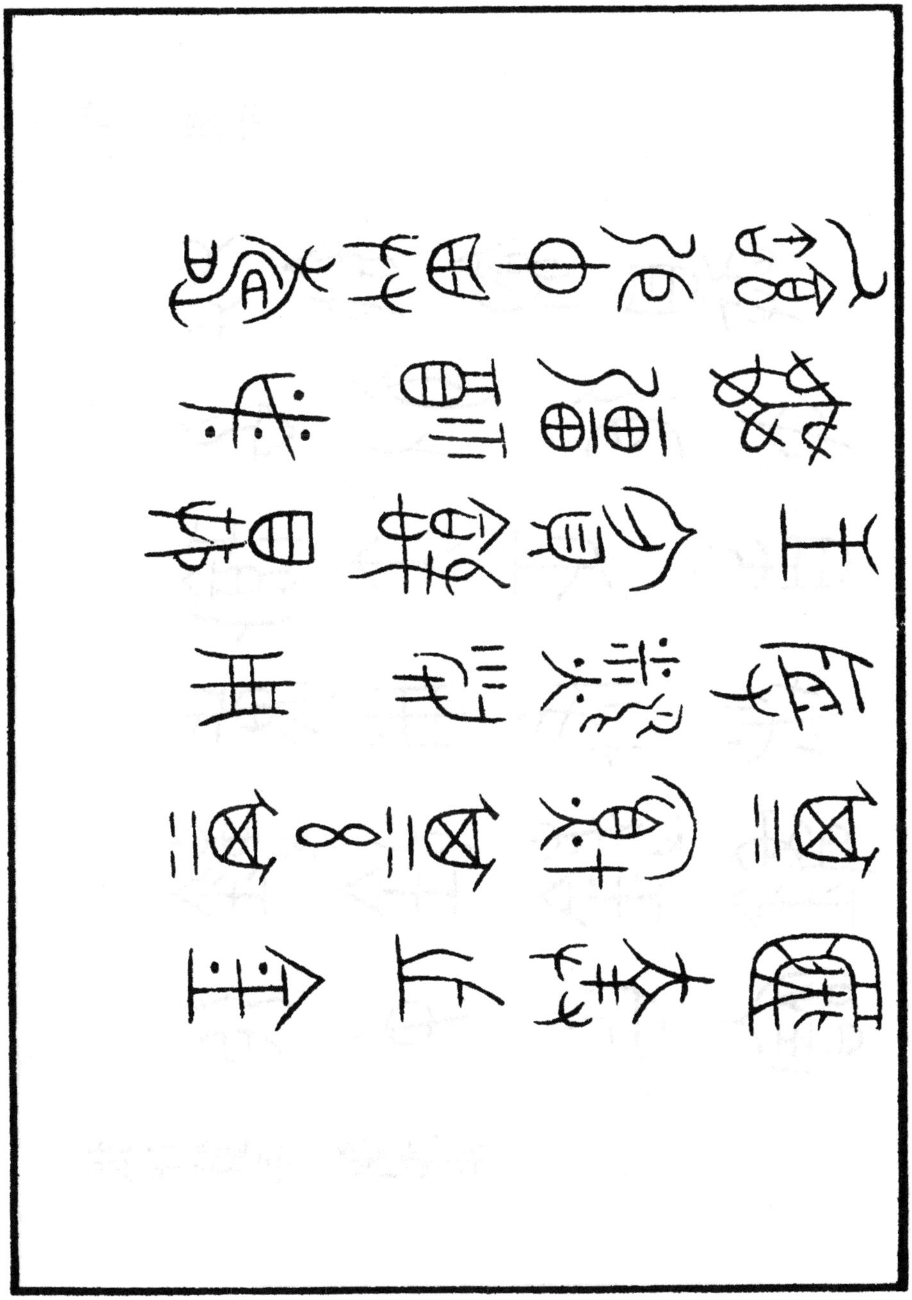

張仲簠三

[illegible][illegible]帖

釋音同前

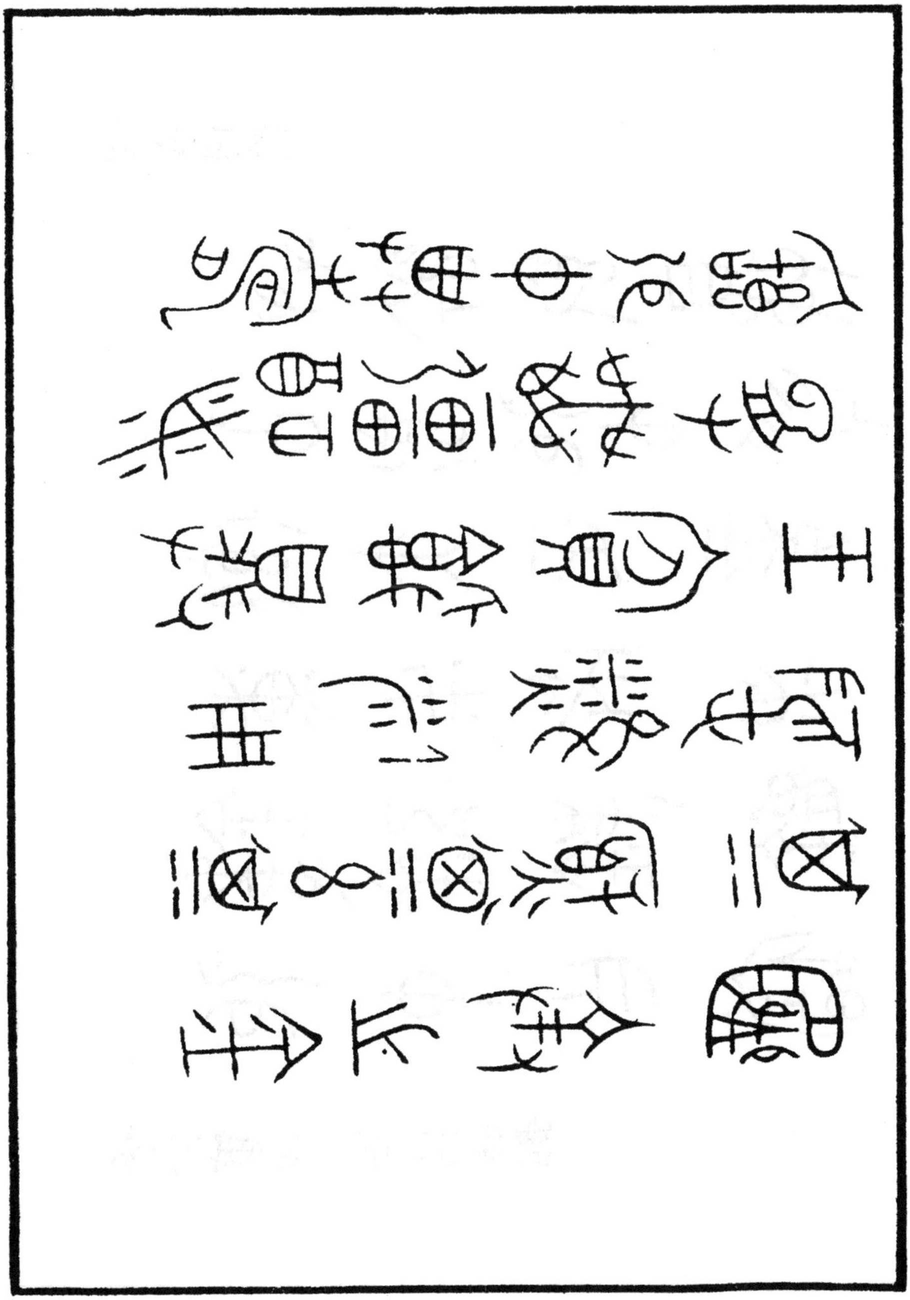

張仲簠 四

古器物銘

釋音同前

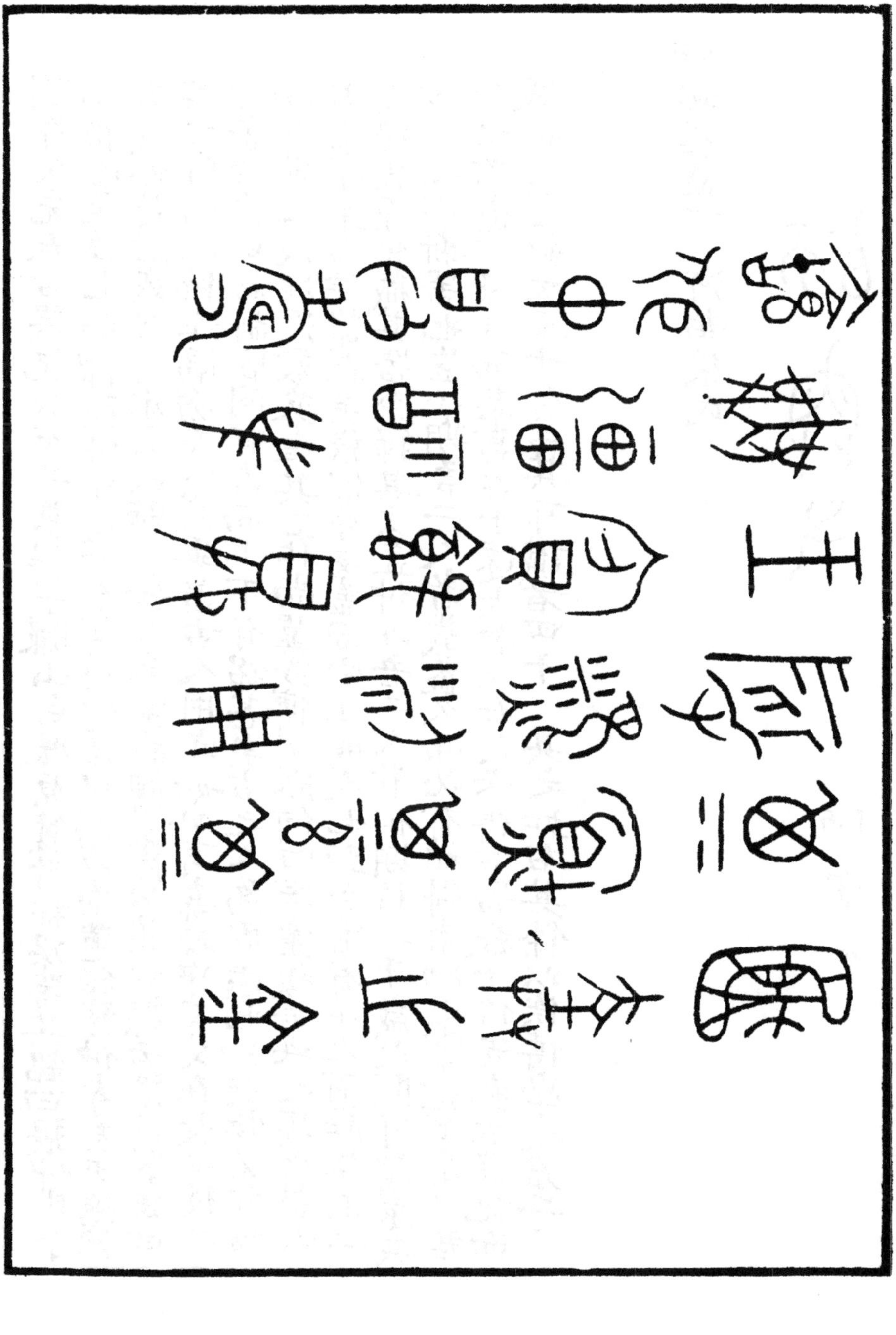

劉原父先秦古器記云右二簋得于驪山白鹿原簋者稻粱器其銘曰張仲昇于
小雅宣王臣也所謂張仲孝友者矣贊曰宣治中興方甬董征張仲孝友秉德輔
成或外是經或內是承文武師：安有不寧歐陽文忠公集古錄云張仲器銘四
其文皆同而轉注偏傍左右或異蓋古人用字如此耳嘉祐中原父在長安獲二
古器於藍田形制皆同有蓋而上下有銘甚矣古之人為慮遠也知夫物必有弊
而百世之後埋沒零落幸其一在尚冀或傳不然何叮嚀重複若此之煩也詩六
月之卒章曰侯誰在矣張仲孝友蓋周宣王時人也距今實有千九百餘年而二
器復出原父藏其器余錄其文蓋仲與吾二人者相期於二千歲之間可謂遠矣
方仲之作斯器也豈必期吾二人者哉蓋久而必有相得者物之常理耳是以君
子之於道不汲汲而志常在于遠大原父在長安得古器數十作先秦古器記而
張仲之器銘文五十有二其可識者四十一具之如右其餘以俟博學之君子

師寏父簋一　河南張氏

師寏父

師𡨦父簋二　開封劉氏

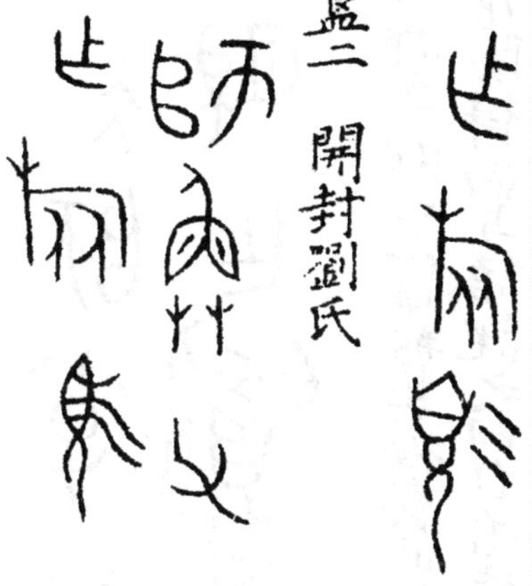

作旅簋

同前

右銘云師𡨦父作旅簋師言其官如師𩜁師毀師毛之類是也𡨦即其名耳父則尊之也言旅簋者衆不止此一器也

京𣏟簋

京𣏟作饗簋其萬壽永寶用

按春秋隱公元年經書鄭伯克段于鄢左傳言鄭武公娶于申曰武姜生莊公及共叔段姜氏愛叔段請京邑使居之因謂之京城大叔者疑出於是也諸簋銘款有言旅簋有言寶簋而此曰饗簋者因饗食禮以錫其器若彤弓言一朝饗之者是也

師望簋

太師𡥨師

望作䵼彝

同前

銘曰太師𡥨師望作䵼彝按齊世譜太公出於姜姓而呂其氏也故曰呂尚西伯獵於渭陽得尚與語說之曰自吾先君太〻公〻云當有聖人適周〻以興子真是耶

吾太公望子久矣故號曰太公望載与俱歸立為師銘曰太師者語其官也曰望者語其號也曰小子者則孤寡不穀侯王自称之義也今簋也而謂之𩟄彝蓋𩟄訓煑熟食簋盛黍稷惟熟然後可食耳

將高父簋

蓋

器

將高父作旅簋其萬年子子孫孫永寶用

同前

銘言叔高父如伯碩父姊邦之類是也旅簋言亦一也王楚云見象嘉穀之寶
彡象黍稷馨香之氣

宲簋

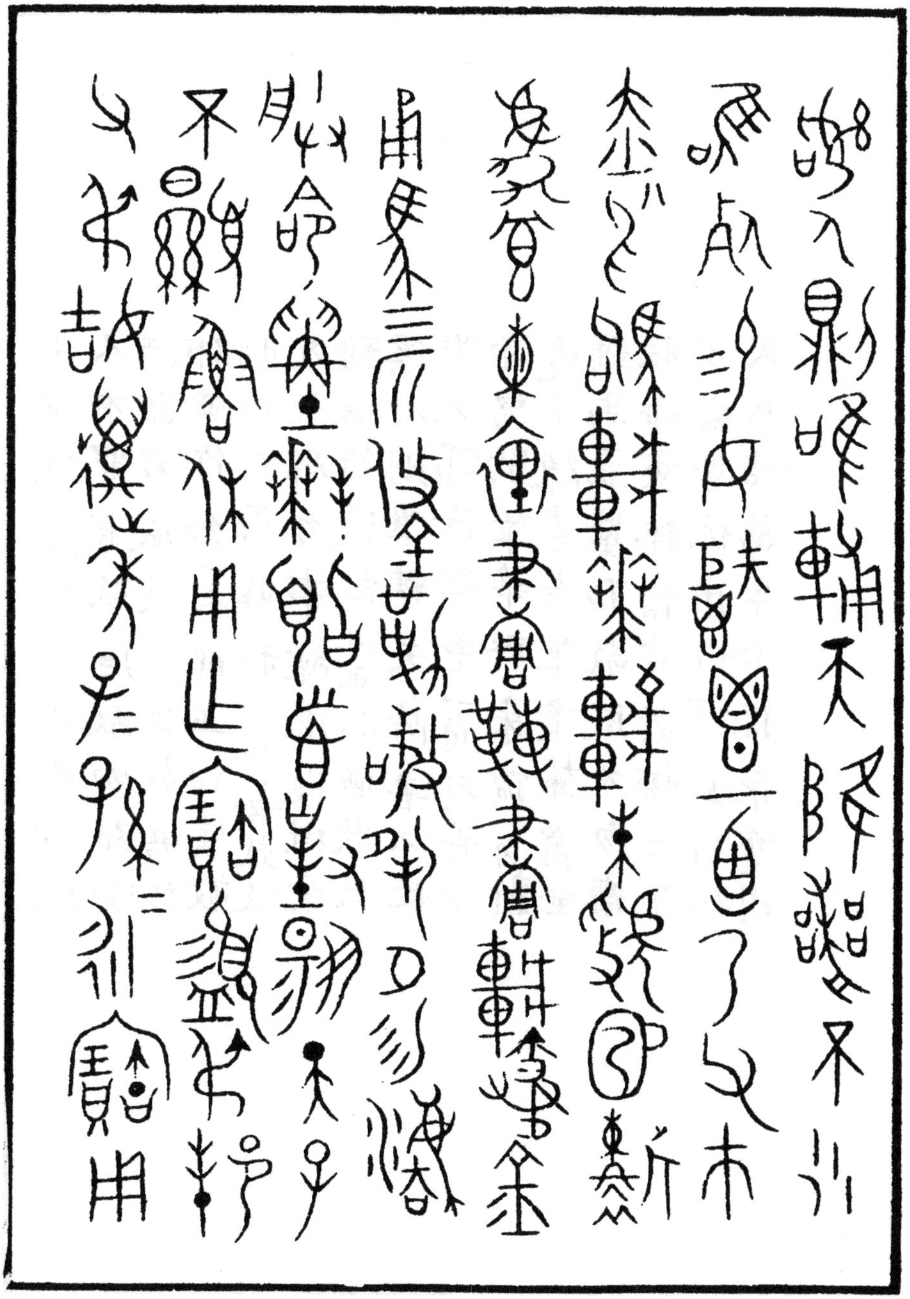

有進退學邦人正人師氏
人有罪有故廼馭朋即汝
廼繇宕威淺虐從故君故
師廼作余一人服王曰寅敬
明乃心用辟我一人善效及
友大辟勿事虩虐從獄受
雜䖒行道故非正命廼敢矢
僕人則唯輔天降喪不廷
唯死錫汝秬鬯一卣及斧市
赤舄駒輂華軒朱虢卣靳
虎冕練裏畫革畫輂齊金
銿馬亖匹鋚勒敬夙夕勿廢
朕命寅拜稽首對揚天子
丕顯魯休用作寶簋叔邦
父叔姞萬年子孫=永寶用

右

單疑生豆

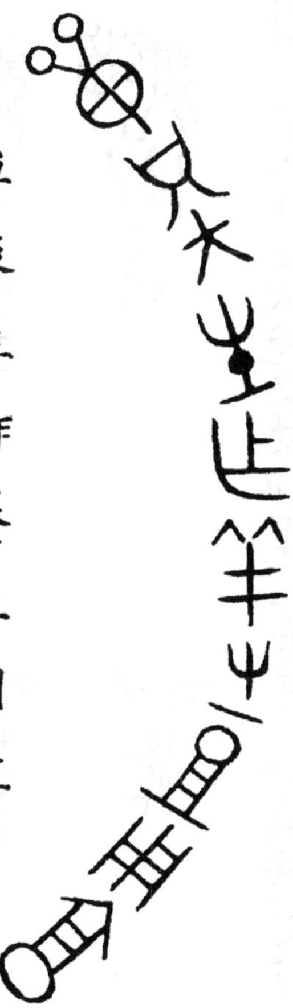

單疑生作養豆用享

銘曰單疑生作養豆用享單疑生考之傳記無見唯周有單穆公號為盛族然所謂疑生者蓋指其名若左氏言甯生書言宜生皆言其名也

姬寏豆

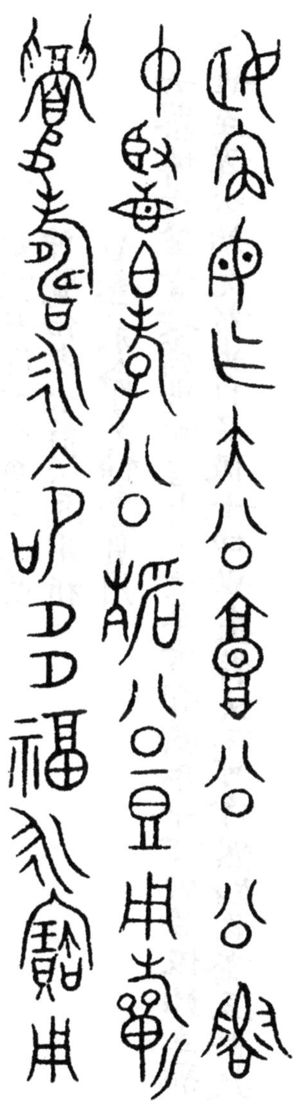

姬寏母作太公郭公 公魯
仲覽伯孝公靜公豆用祈
眉壽永命多福永寶用

考古云蔡博士肇言按齊世家言太公之卒百有餘年子丁公呂伋始立郭公以下三世至孝公始見於史自呂伋十四世矣餘文不可考然知為齊豆無疑

單從盉

單
冏 作從彝

單
冏 從彝

博古錄云周有單子歷世不絕為賢卿士其族有襄頃靖獻穆公之類所謂景公者豈斯人之族耶然單氏之器得之有數種有舟有鼎有彝與此盉其形雖不同

而其銘則皆曰從彝也葢彝以言其有常從以旨其有繼是器特與盉爲一類耳

伯王盉

伯王敎作寶盉
其萬年子〻孫〻
其永寶用

銘云伯王敎作寶盉考古云按盉不見于經說文云調味也葢鼎和五味以共調也伯者尊稱之王其姓也敎乃名耳

嘉仲盉

嘉仲索諸經傳無見考其款識已非夏商但製作有類乎周其曰諸友則知非獨擅乃與朋友共之〻器也且五常之道言君臣之尊〻父子之親〻而朋友亦列於其間則未有不須友以成者彝器者法度之所在其於尊君事親之義未嘗不載則於朋友之義宜有以及之茲器是也

惟六月初吉
仲信父作旅
甗其萬年子
孫〻永寶用

考古錄云按舊圖云咸平三年好畤令黃鄆獲是器詣闕以獻詔句中正杜鎬註其文惟史字楊南仲謂不必讀為史當作中音仲然以愚考之恐只是史字史信者如史頌史黎之類史言其官信言其名父則尊稱之耳

父乙甗

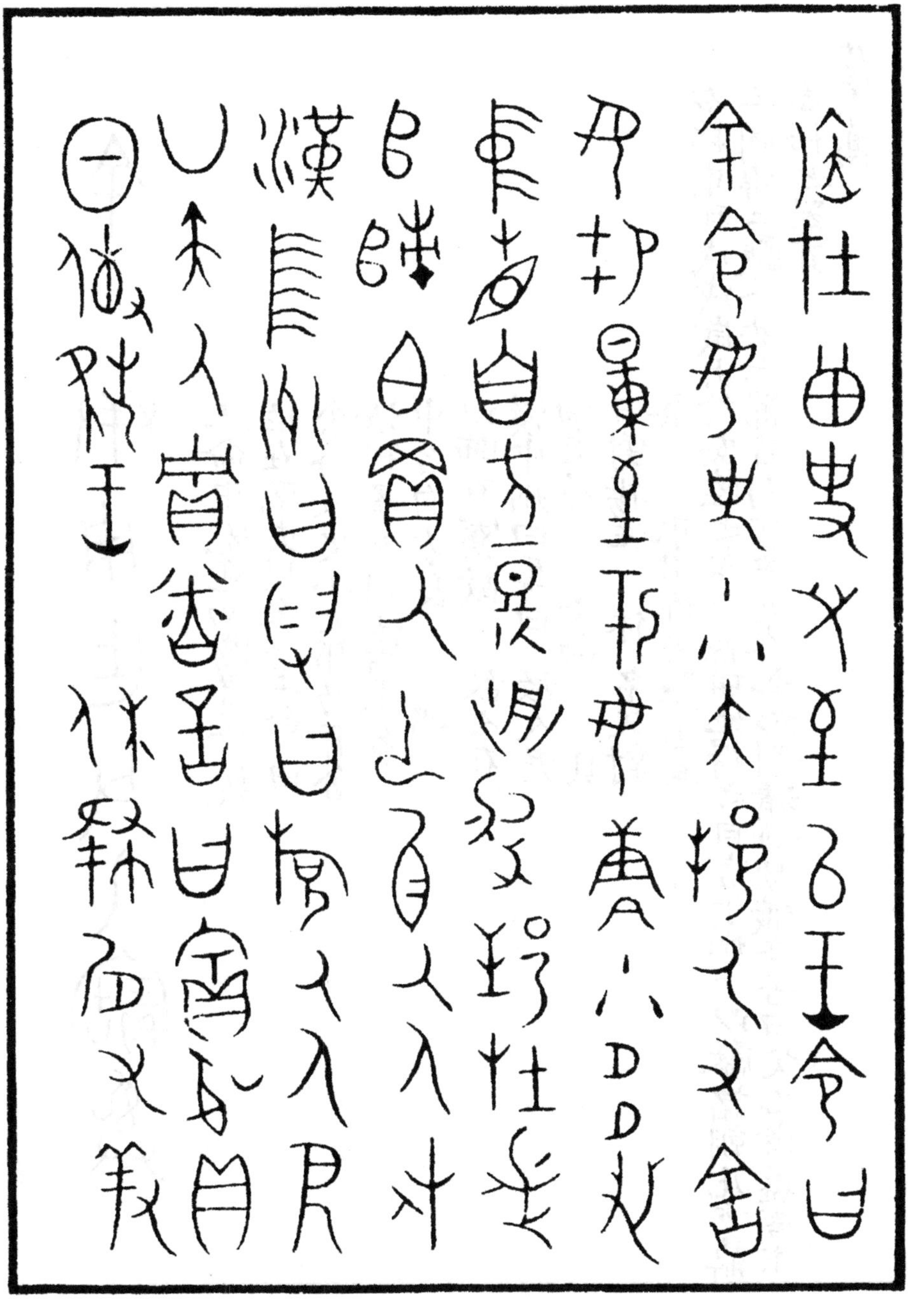

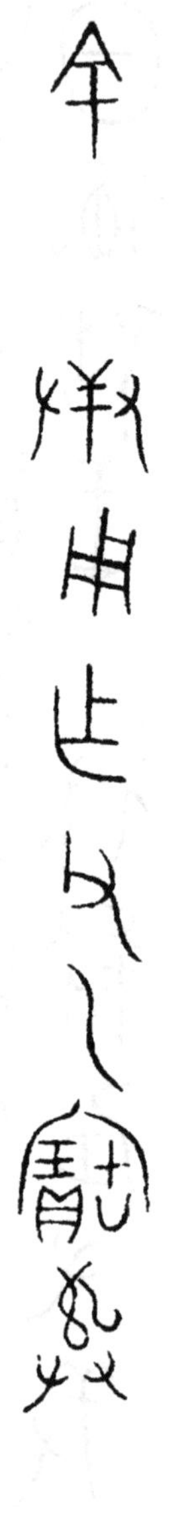

王命中先見南國貫行執
位在廟史兕至以王命曰
余命汝史小大邦乃有舍
汝邦量至刊汝唐小多
中𠮛自方長　郯
以師百寮故　故人在
漢中州曰𡉈曰　故人君
曰夫乃　言曰　貝
日對揚王　休　名父對
余　承用作父乙寶彝

右銘重和戊戌歲出於安陸之孝感縣耕地得之自言于州州以獻諸朝凡方鼎三圓鼎二甗一共六器皆南宮中所作也形制精妙款識奇古曰父乙者蓋商末周初之器耳

慧季萬

按惠與慧通號姜敢款識有惠仲春秋有惠伯惠叔而此鬲銘之為惠季豈非惠為氏而伯仲叔季者乃其序耶

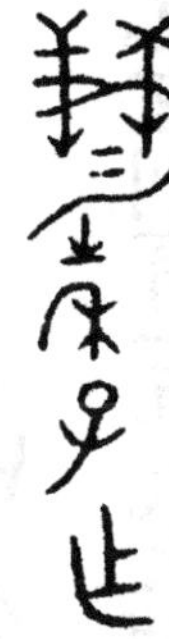

慧季作

丁父鬲

孫丁父

按博古云夫世人但知十干為商凡遇款識有十干者皆歸之商故或以丁父鬲為商蓋誤矣按商之銘於甲曰父甲丁曰父丁辛曰父辛乙曰父乙皆尊其父而上之未見有列於下者兼商鬲皆以父丁為銘若謂丁父亦為商器則是古人於名號間有變易矣將何以示後世乎蓋周之太公望再世而有丁公其後世以丁為氏是鬲周物豈其丁氏之子孫為其家廟而作耶曰孫則又言孝孫作之以奉其祖也

伯鬲

伯作寶鬲

按古器以伯為銘者多矣尊敦彝卣爵皆有伯作之銘觀古人或以伯為謚或以伯為名或以伯仲第其序或以侯伯列其爵所稱非一而此曰伯者殆未可以私智決也

帛女鬲

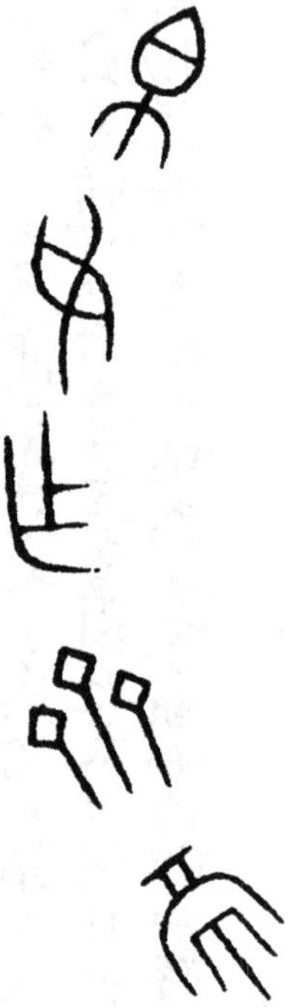

帛女作齊鬲

帛女疑官女之有職者然攷周官自九嬪世婦之餘所可見者司服縫人而已初無此名也豈非自周之末典禮不存因其職而命之歟不然則諸侯不敢擬於天子而有是職歟漢廣川王以陶望卿主繒帛疑亦祖述周人之意其曰作齊鬲蓋於祭祀之齊而所用之器也

師鬲

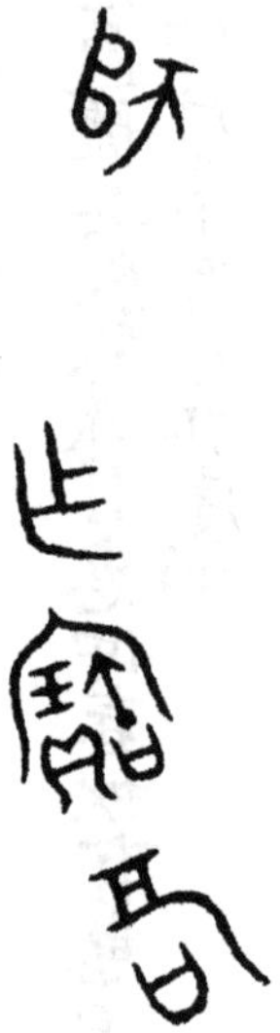

師作寶鬲

昔師稱其官則有若尹氏火師者是也以師稱其姓則有若師曠師丹者是也

此器銘曰師疑以師言其姓或言其官耳制作簡古雖周之物殆有商之遺意

爲

虢姞鬲一　古器物銘

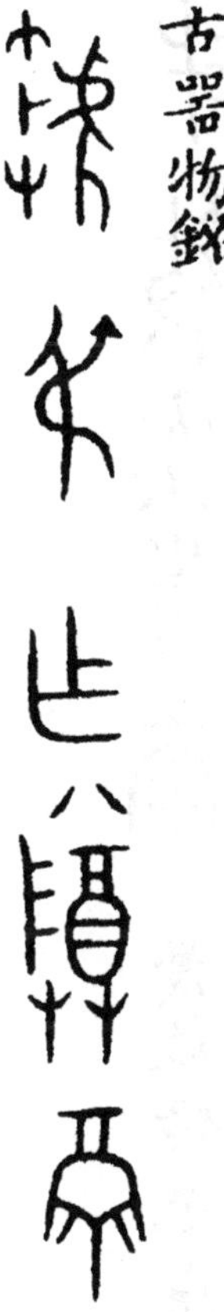

虢姞作尊鬲

虢姞鬲二　考古圖

虢叔作姞殷敦尊鬲

右二銘皆虢姞所作後一器曰敦與宋田鼎同殆一時器也

聿遽鬲

亦鬲

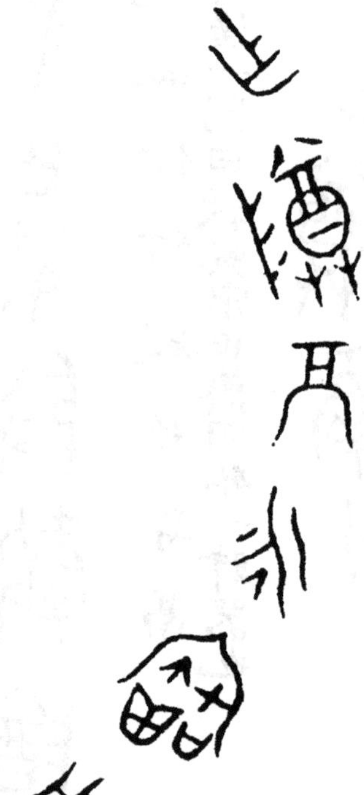

聿遠作尊鬲永寶用

右銘云聿遠乃作鬲者之人也

亦　作尊鬲永寶用

右銘亦下一字漫滅未攷

蔑敖鬲

蔑敖祿光康

玖孝永寶德

右銘十有一字所可辨者九字而已敦上騄騄若蔑字按楚之君有胥敦若敔杜敦郏敦而其官名亦曰莫敦所謂戲敦殆出於斯耶楚周諸侯國故其器作周之形制曰光康者古人銘器之意蓋未可以臆論也

仲父鬲

仲　父　作　尊　鬲　子子　孫孫　其　萬　年　永　寶　用

右銘十有六字仲下一字不可辨昔有仲山父仲慶父仲考父仲仁父此曰仲父者蓋未知其為誰矣其制作乃與聿遠鬲相近耳且諸器款識有曰孫子有曰子孫

孫孫有曰子子孫孫蓋孫可以為王父尸子不可以為王父尸故言孫子而以孫為先言之不足至於重複故言子子孫孫而不嫌其煩或疊言或單擧以互見故言子孫而不嫌其略若此再言子子人從而系之是為孫孫之義蓋孫亦子屬不待指而後著矣噫古人制器尤在於遺後世且欲傳守不失故以子孫為丁寧若乃漢器銘子孫者十無二三此所以不能乎古也

京姜鬲

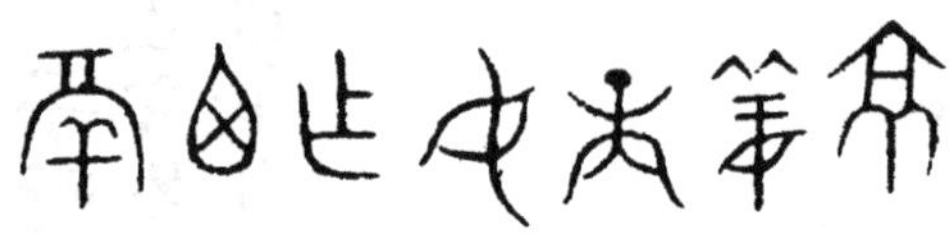

京姜庚仲作尊鬲

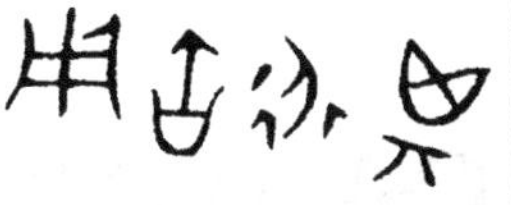

其永寶用

按詩之思齊曰思齊太任文王之母思媚周姜京室之婦太姒嗣徽音則百斯男蓋太王之妃曰大姜王季之妃曰太任文王之妃曰太姒曰京姜者京室之婦也周有天下在武王特及其追尊祖考則以古公為大王季歷為王季於是國以京言之故謂之京姜

某父萬

父作尊萬

子子孫孫永寶用

右銘父上兩字未詳子〻孫〻語見仲父萬篇中

一敕字得非人君所賜而著其敕命耶然敕自唐朝方用此周器也而謂之敕不可得而考矣

仲斯甬

右銘曰仲斯必作器者之名也

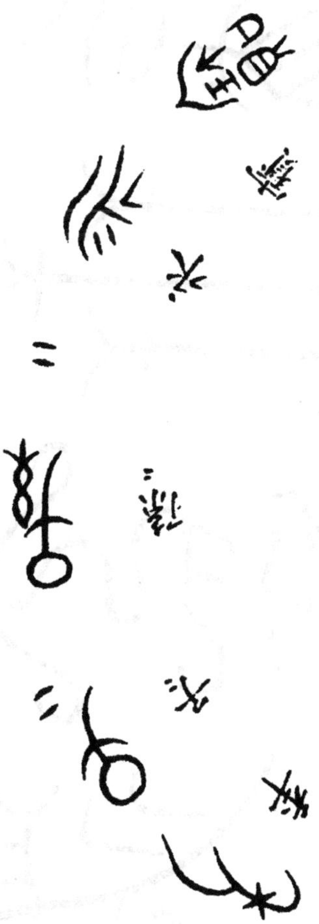

史孫⿰舟系

史　孫　餕　作　⿰舟系

右銘云史孫餕作⿰舟系而餕則未詳其音讀⿰舟系作○者象形篆也猶言⿰舟系圓則水圓耳

封比干墓　銅⿰舟系

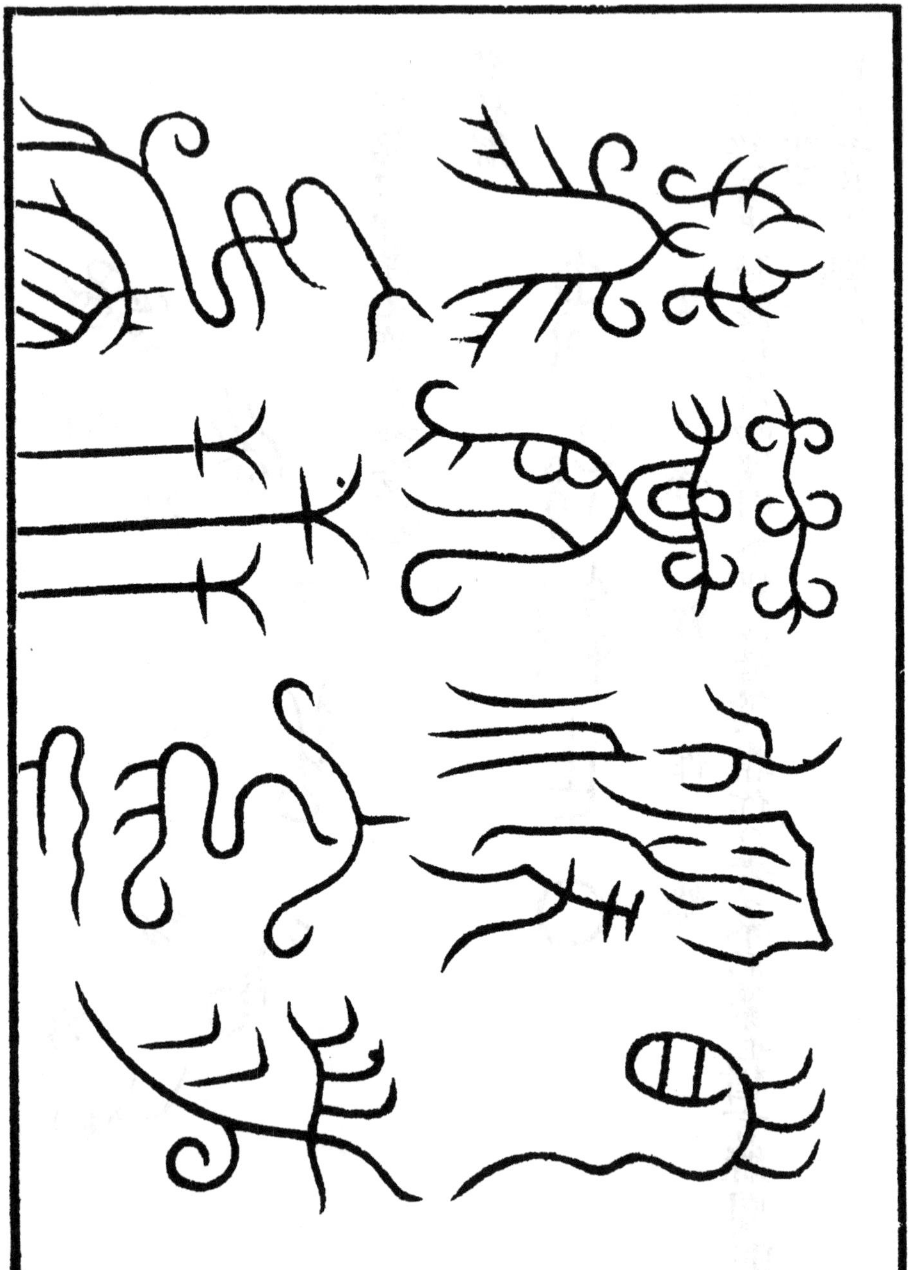

王月者正月也如所謂王春也言王所以尊主也頤槃者盥洗之器耳邛仲之孫伯戔又作饋盦与此銘合字畫各為一體皆奇古可愛

齊侯槃一　博古錄

齊侯作楚
姬寶槃其
萬年子〻孫〻
永保用

齊侯槃二　古器物銘

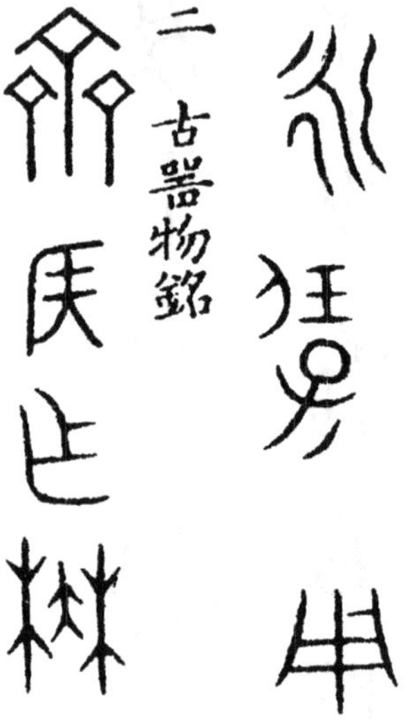

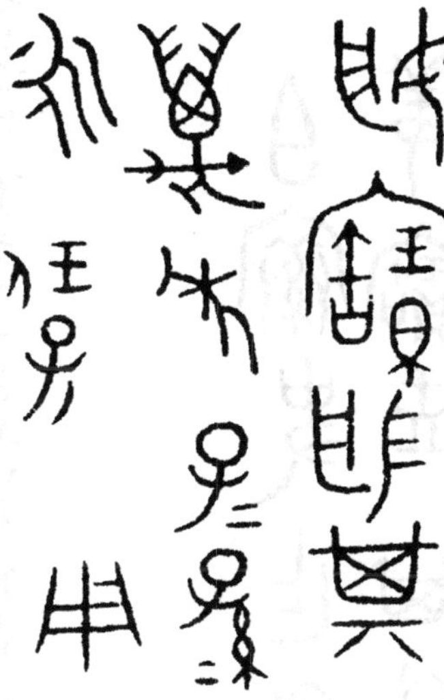

同前

右二銘字畫稍異而文則同皆云齊侯作楚姬寶鎜与齊侯匜銘識相類古器物銘云畋和丙申歲皆安丘縣民發地得之匜一時物也驗其銘文盖齊侯為楚女作

追師鎜

福無疆

鎜用孝用享

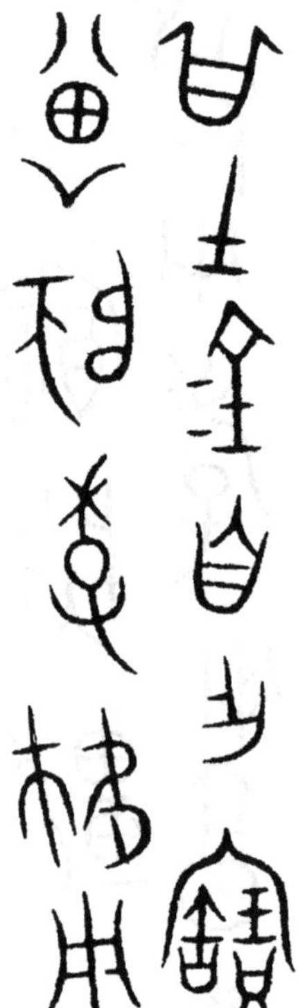

其吉金自作寶
箕師季移用

右銘云箕師季移用其吉金自作寶𣪘按商有箕父辛卣博古云箕者國名昔人受封於此則後世食菜於所封之地後以為氏箕乃其旅爵耳師言其官也季言其序也移則其名耳曰用孝用享益祭享之器也後云福無疆謂祈福之無疆也福上一字磨滅未攷吉字从士从口言士之口常吉也而此止从士亦口常吉之意乎字畫奇古文詞典雅但形制未傳耳

伯索盂

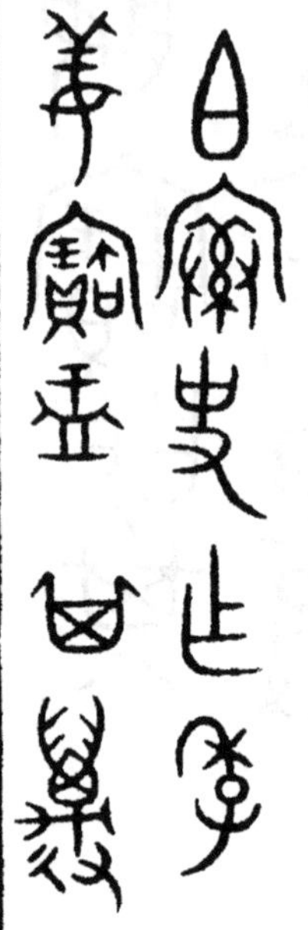

伯索史作季
姜寶盂其萬

季子孫永用

博古云夫季姜之稱於書傳多指婦人言之如詩所謂孟姜是也彼曰孟姜而此曰季姜者乃其序耳伯㝨史作季姜盂則知為季姜而作也

邛仲盦

器

邛仲之孫伯戔自作饋盦永保用之

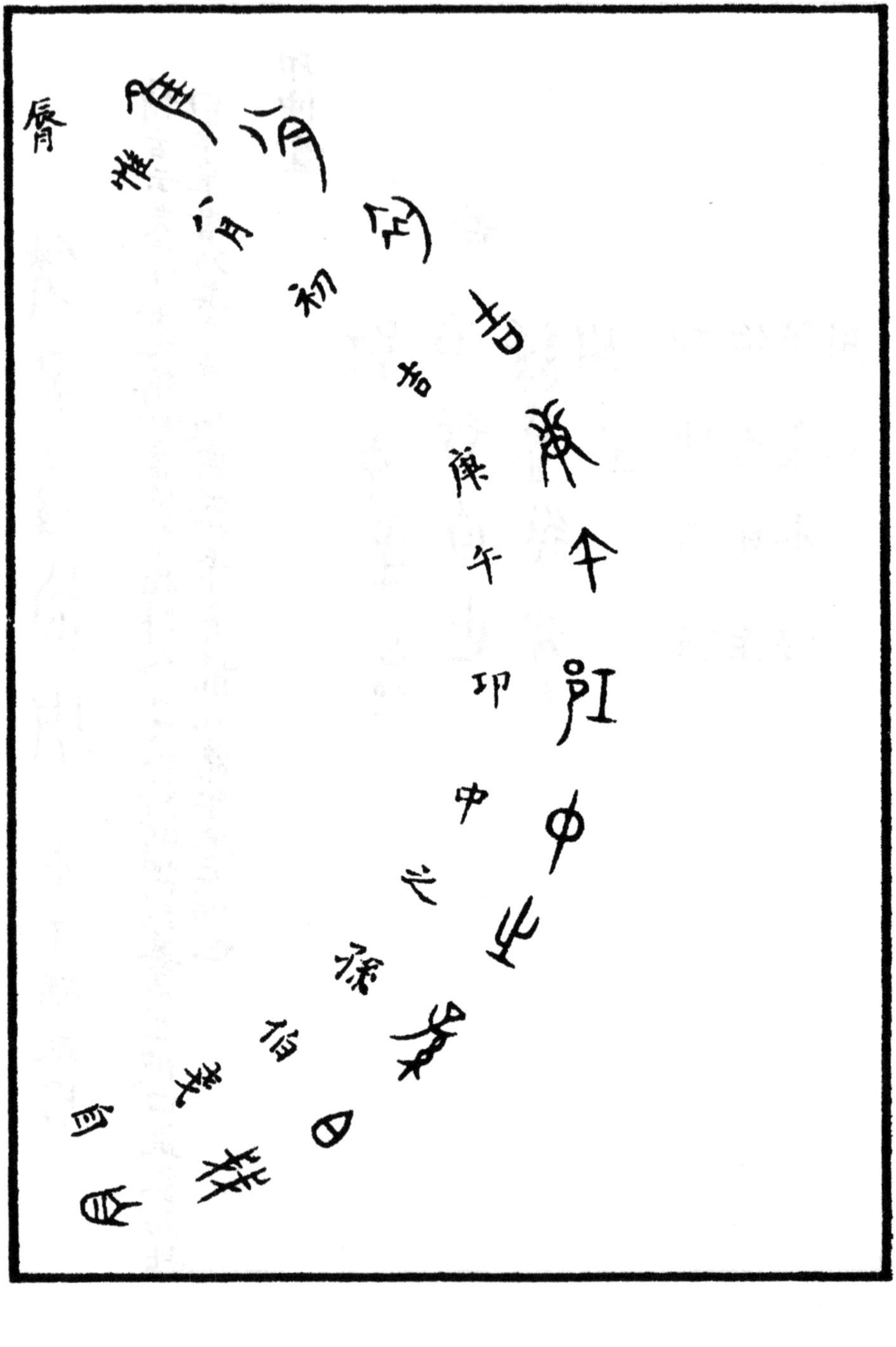
惟正月初吉庚午卯中之孫伯戔自
脣

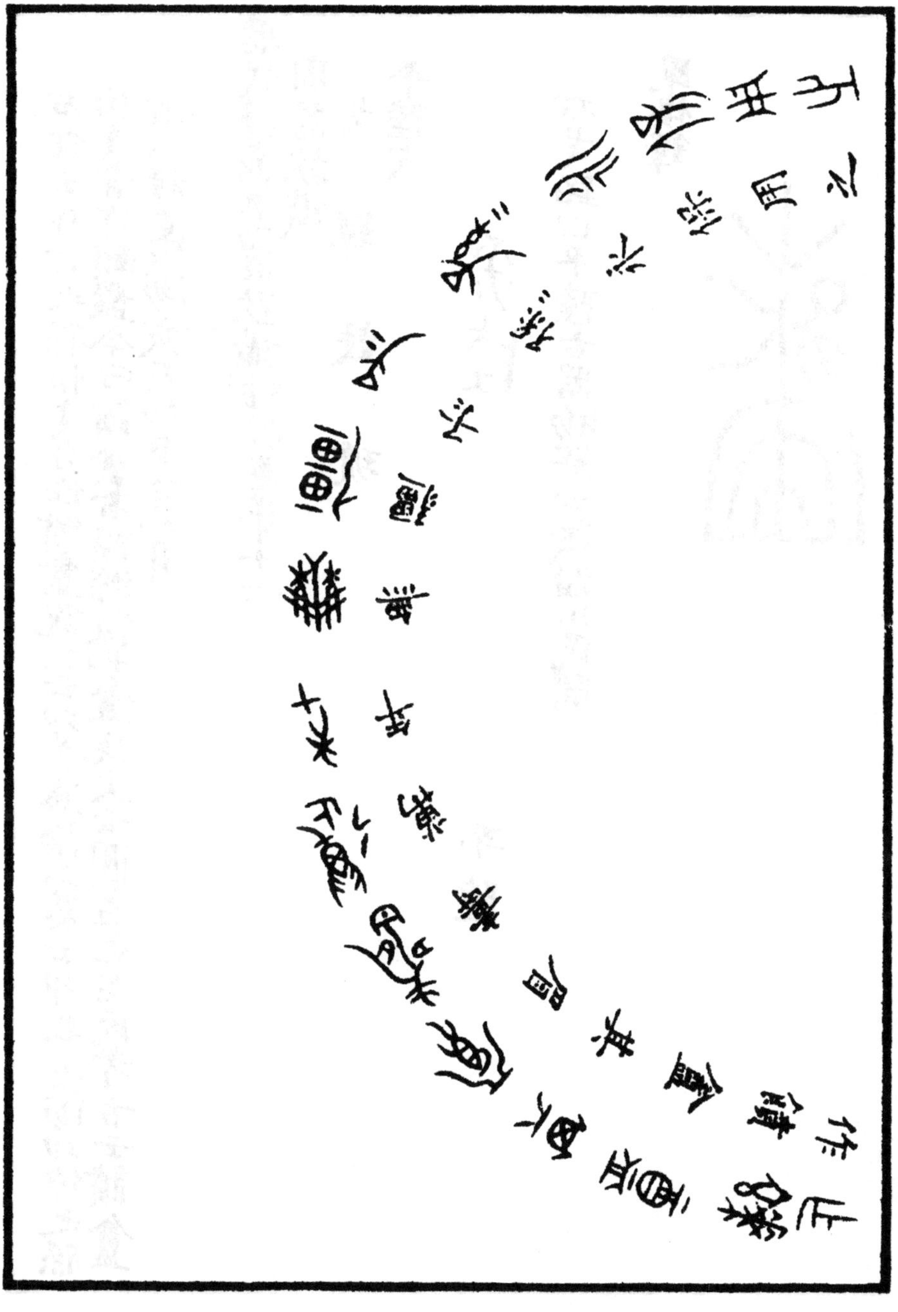

右銘云邛仲之孫伯戔自作饙盦説文云邛在濟陰玉篇云邛在山陽邛仲之孫伯戔嘗作饙盤今曰饙盦者饙滫飯也盦説文云圓盖也吕氏考古云饙盦者以捧連湯飯而加覆盖耳

歷代鐘鼎彝器款識法帖卷第十七

周器款識

戈　鐸　鼓　琥

平陸戈

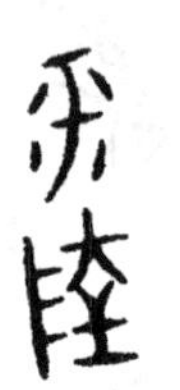

平陸

右戈銘曰平陸古器物銘云藏淄川民間

風樓鐸

右銘一字作鳳棲之狀是器鐸也周官鼓人以金鐸通鼓凡樂舞必振鐸以為之節此銘以鳳亦取其鳳皇來儀之象而為棲木形者詩所謂鳳皇鳴矣於彼高崗梧桐生矣于彼朝陽蓋鐸者樂之節取其樂諧而物以類應之也

岐陽石鼓一

岐陽石鼓四

田車既安
鋚勒馬既
簡左驂旛〻
右驂騝〻我
以隮于原
我戎世陕
宮車其寫
秀弓寺射
麋豕子庶
麀鹿雉兎
其又旆其
　大出各
亞畀執而
勿射庶遊〻
君子迺樂

岐陽石鼓五

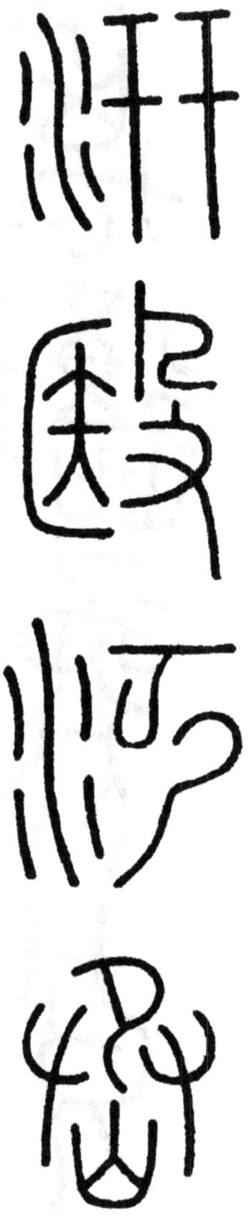

載道迮如
章原溼陰
射之㲋起
陽起六馬
如虎獸麀
如多賢
禽我麀允
興

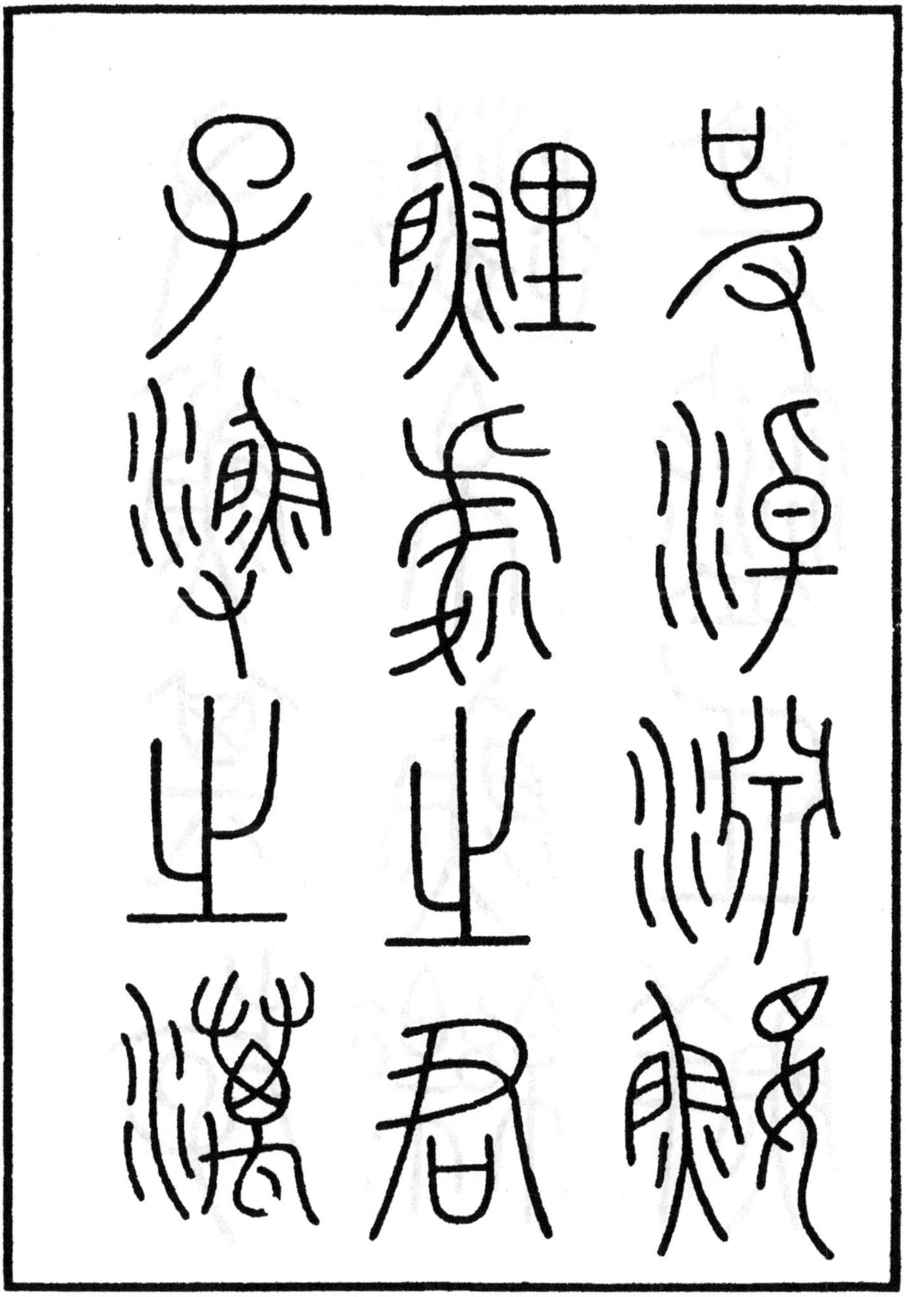

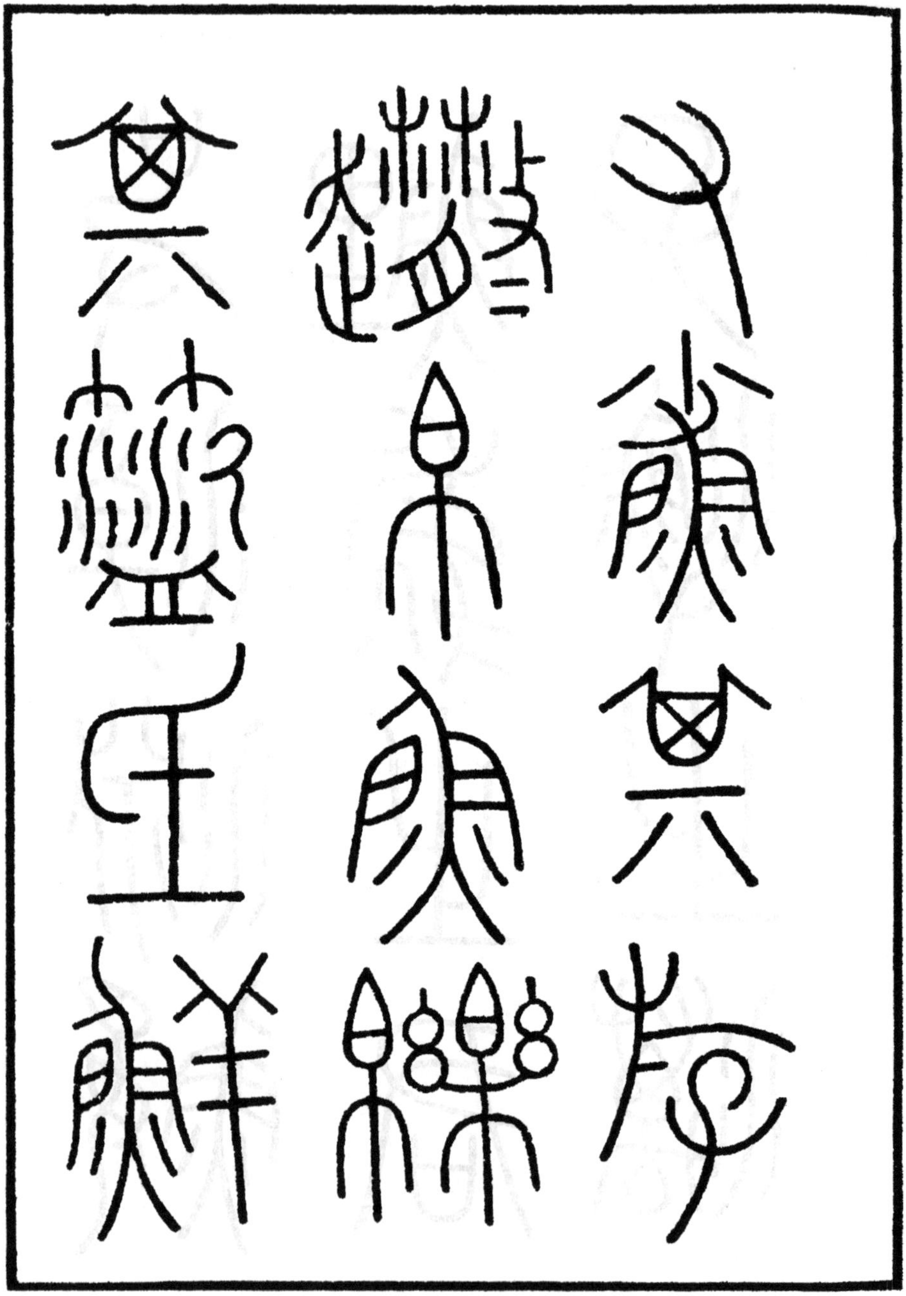

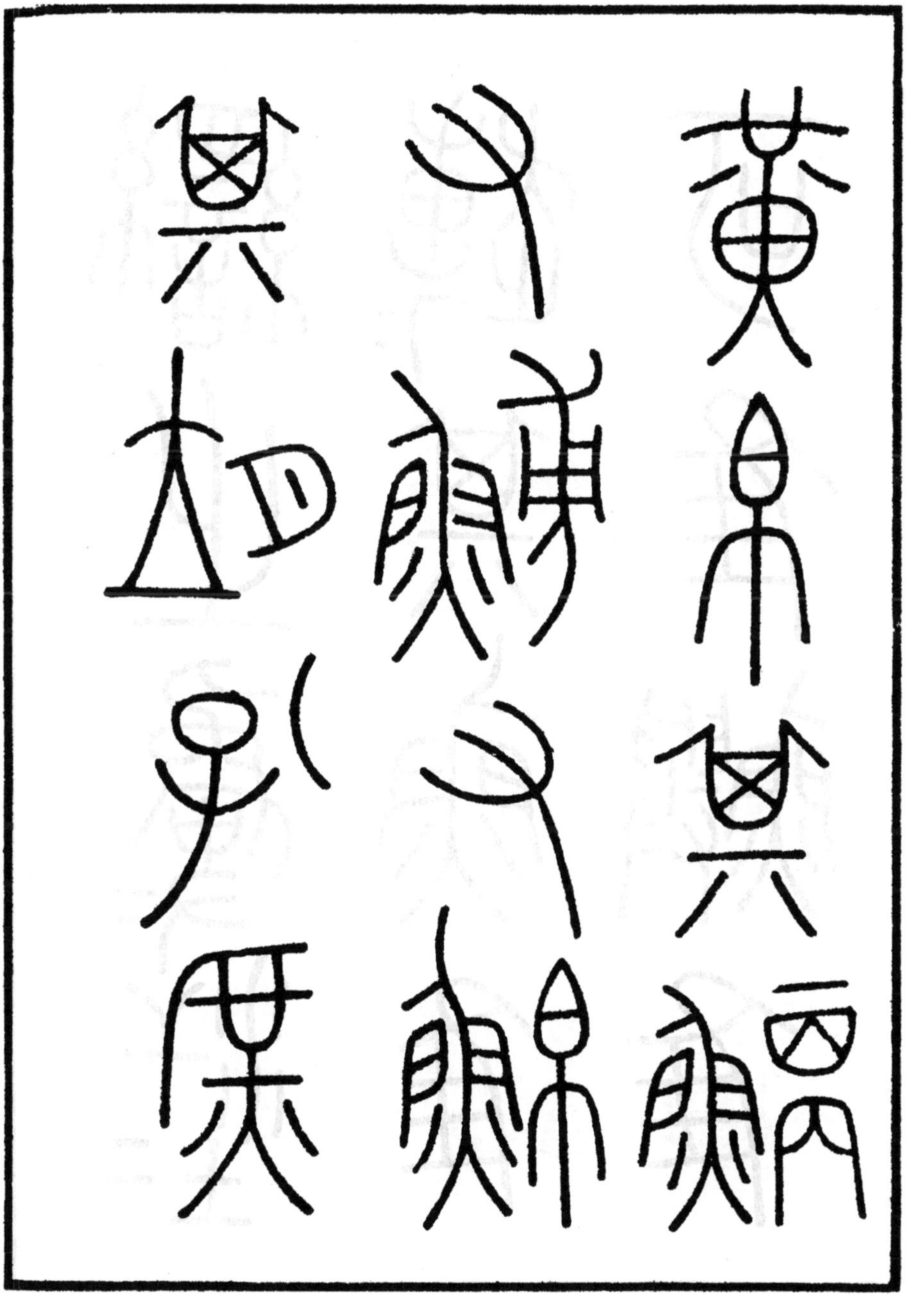

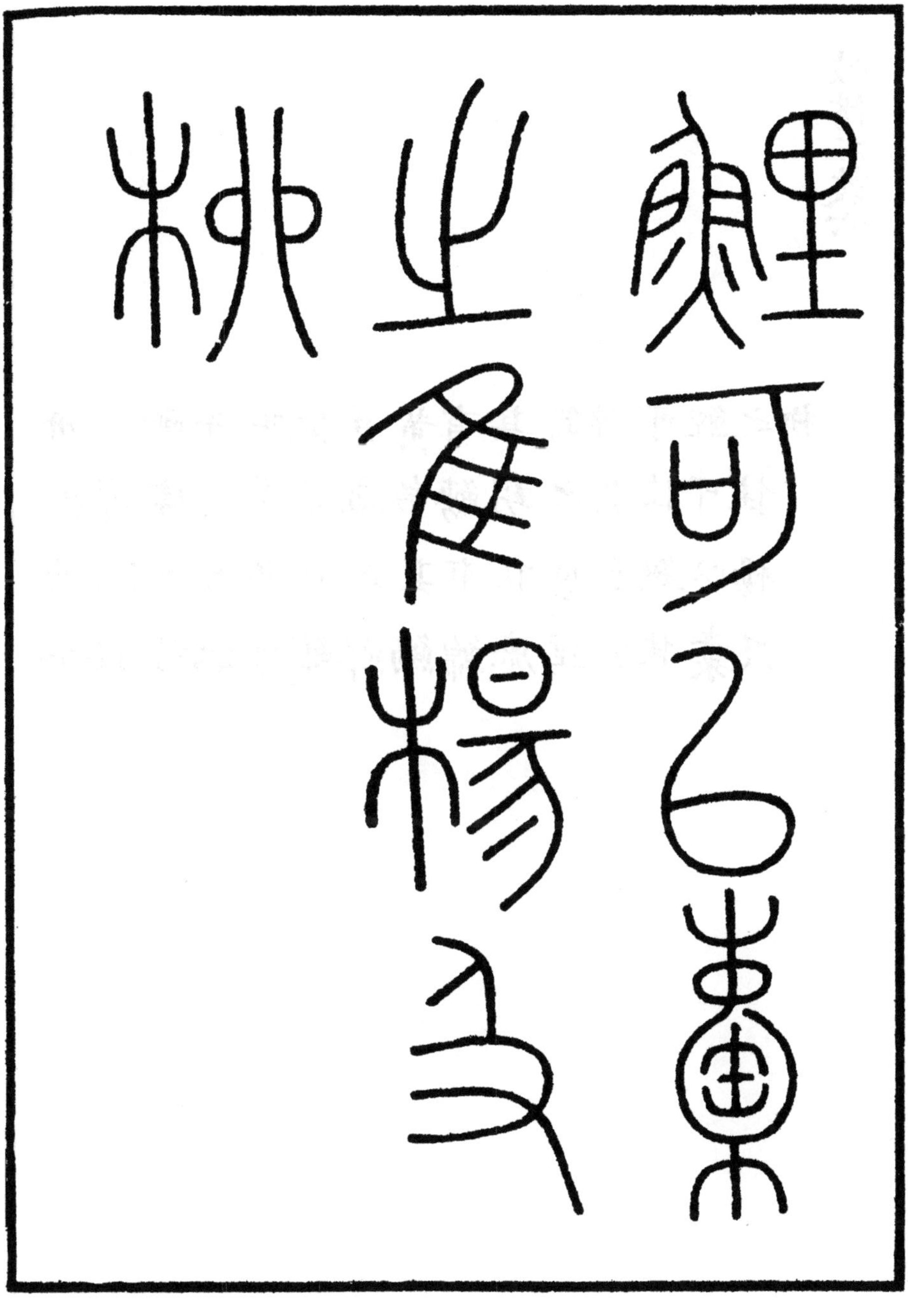

岐陽石鼓六

汧也沔丞
淖淵鰋
鯉處之君
子漁之澫
有蒼其斿
散帛魚鱳〻
其盜氏鮮
黃帛其鯾
有鱄有鮊
其胡孔庶
鯀之麌〻迮〻
遵〻其魚隹
可隹鱮隹
鯉可以橐
之隹楊及
柳

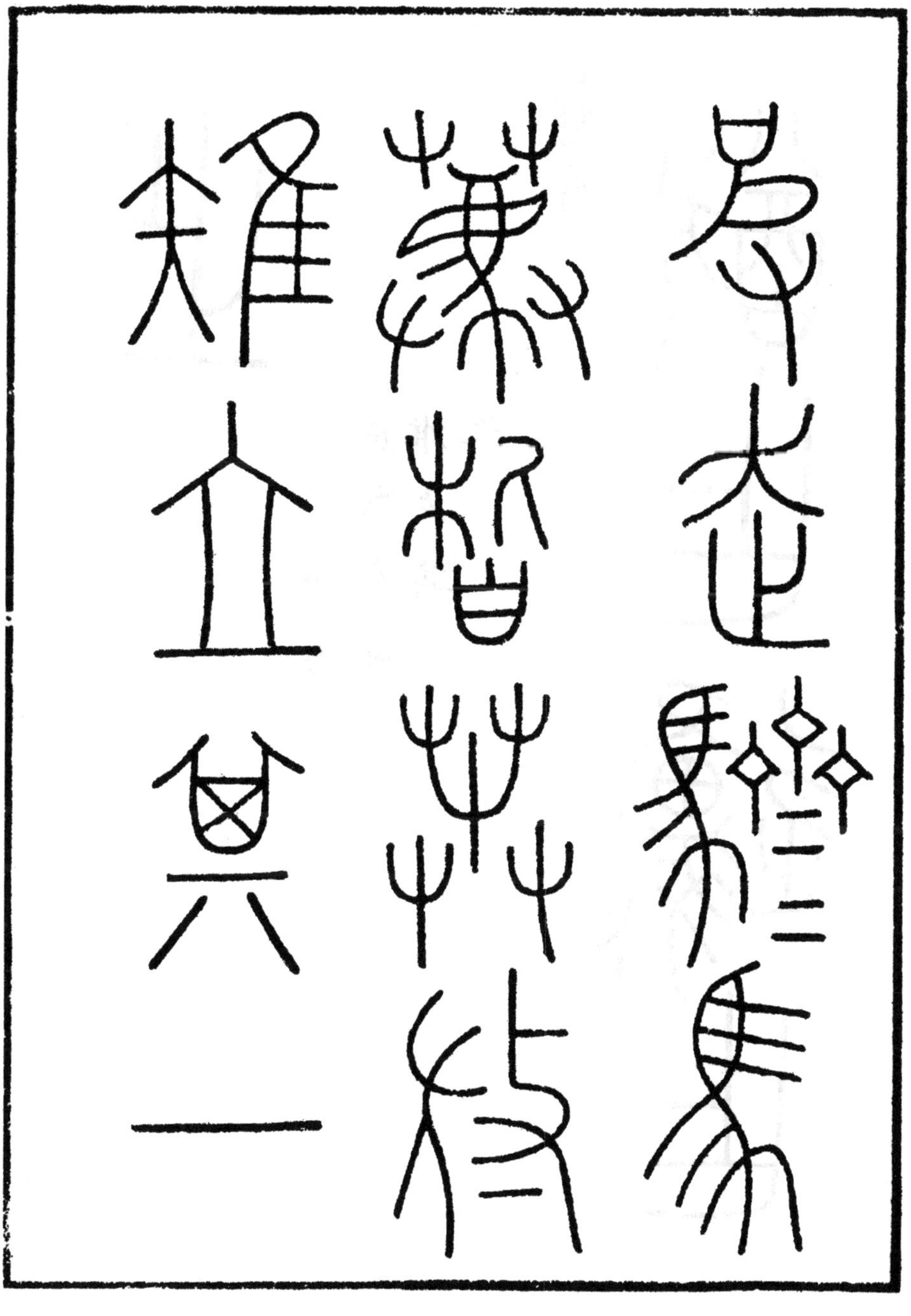

岐陽石鼓八

獻作原作
蕖造我司
除帥　序
莾為世里
徵徵迺罟
栗柞棫其
緜栫庸鳴
亞若其華
所斿夒籃
蕖百尌合
孫

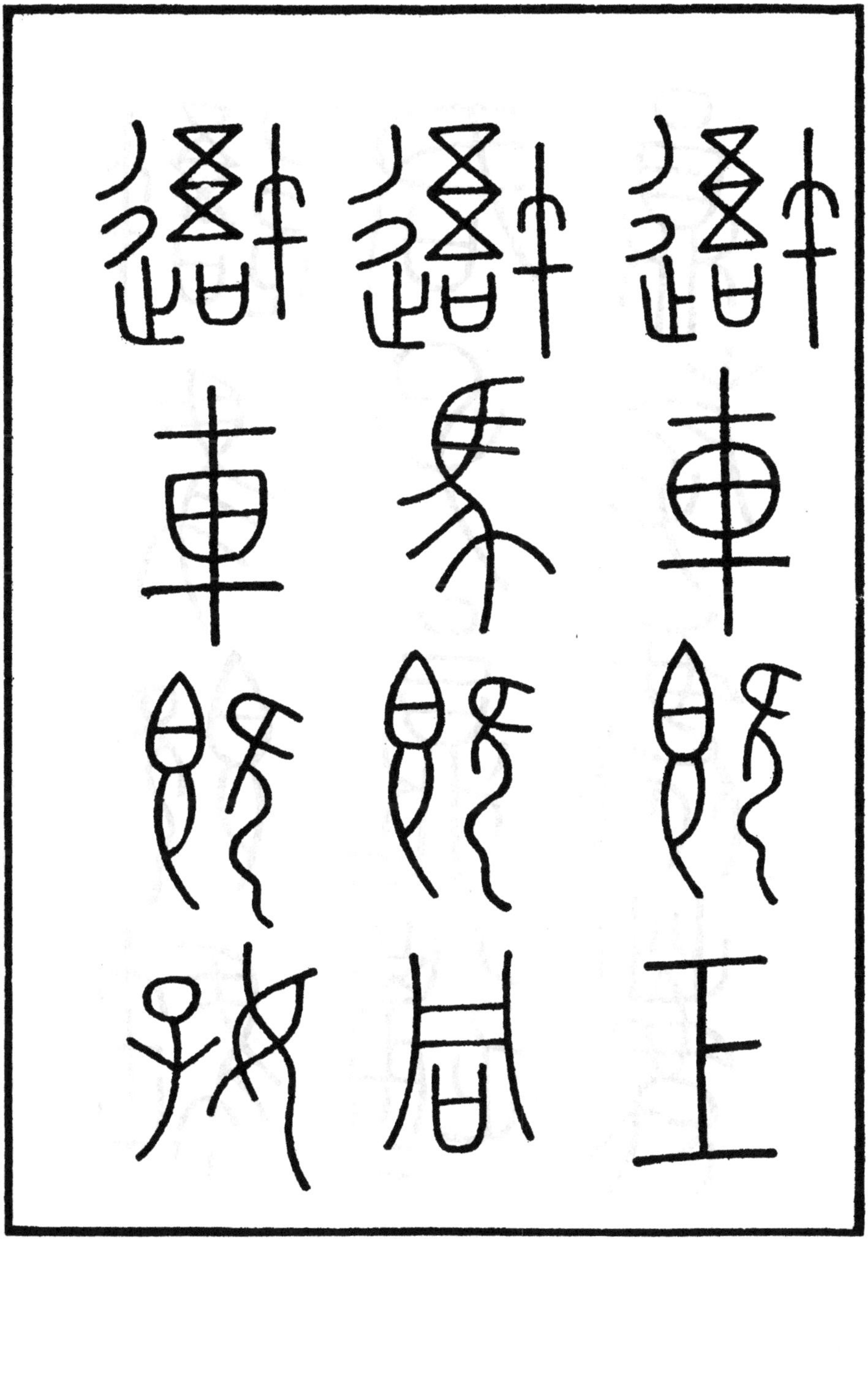

我車既工
我馬既同
我車既好
我馬既驅
君子員=獵=
員斿麀鹿
速=君子之
求首及茲
以時我其
孫其來選
遫㚖即我
即時我麀

岐陽石鼓九

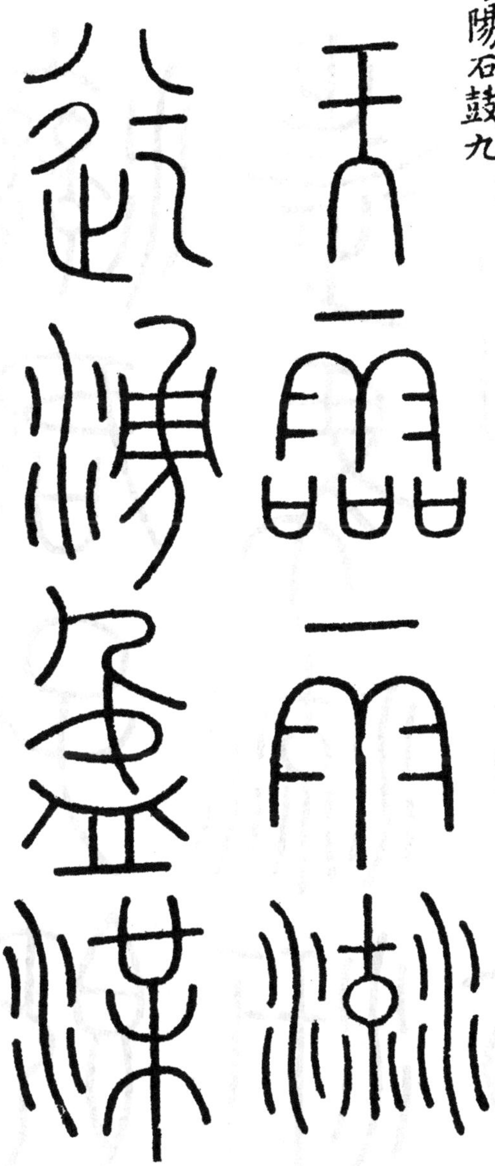

⿸广東逢歐其
樸其射其
来首既我
其蜀

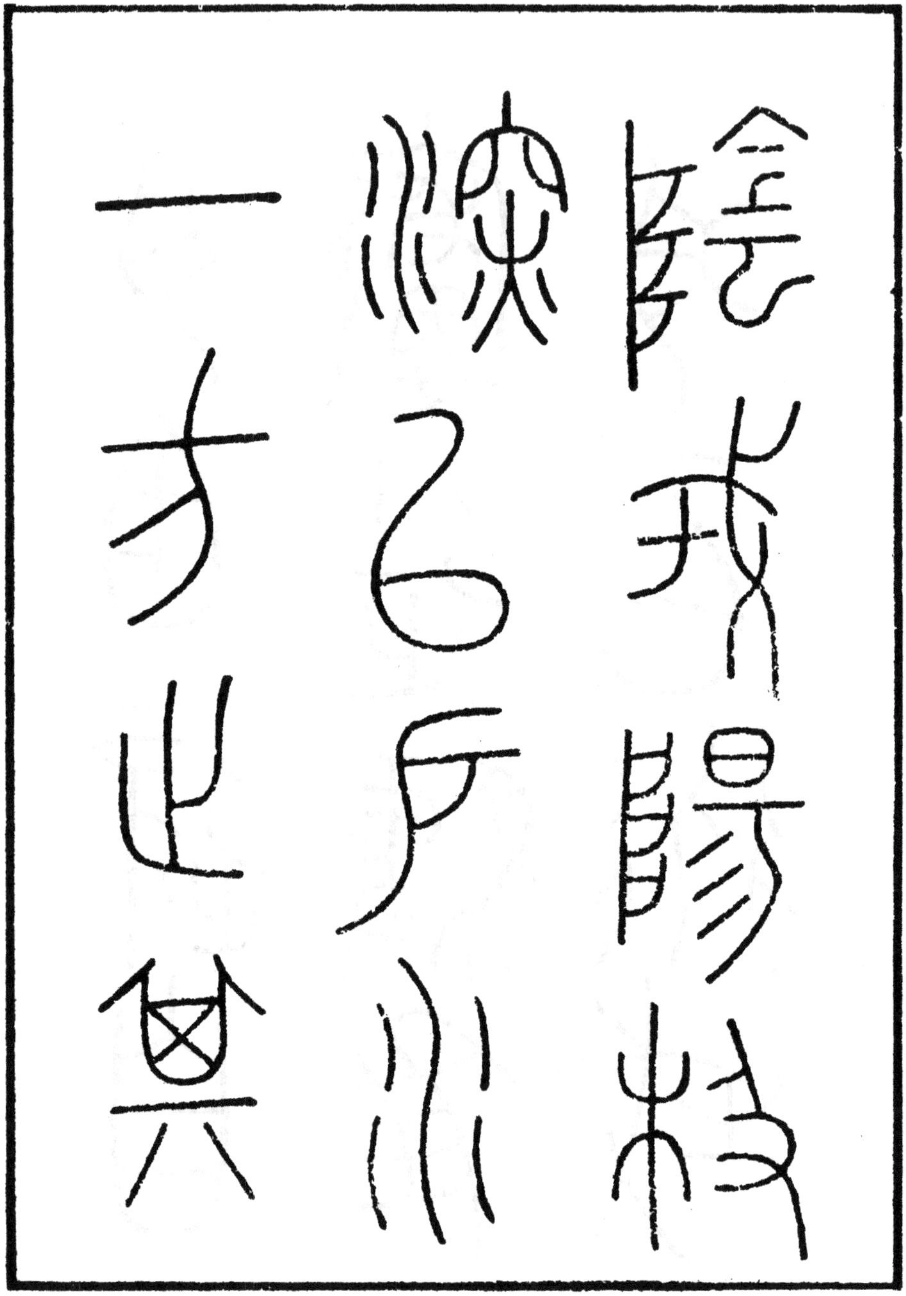

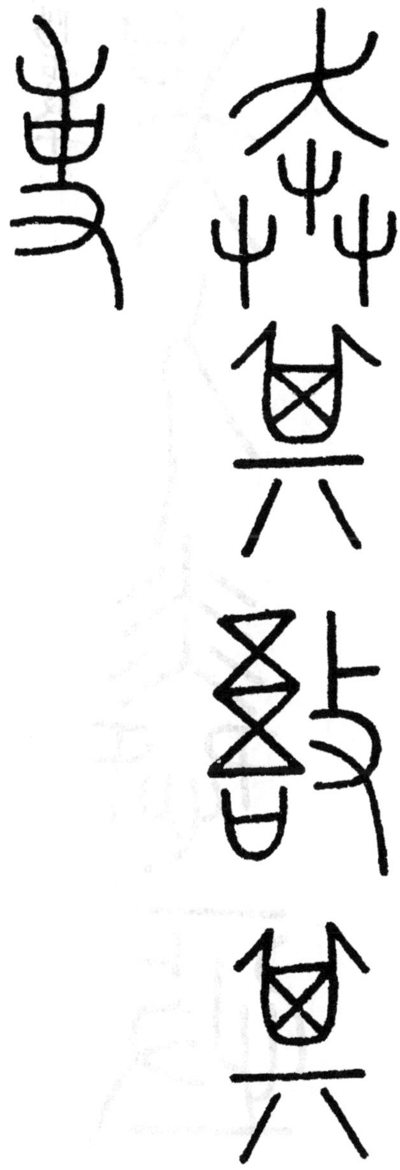

天令雨流
迄湧盈渫
滋君予即
涉馬流汧
也洎＝淒舫
舟思帰自
廊徒駛佳

岐陽石鼓十

舟以道戒
陰戎陽枝
深以戶水
一方止其
奔其敔其
事

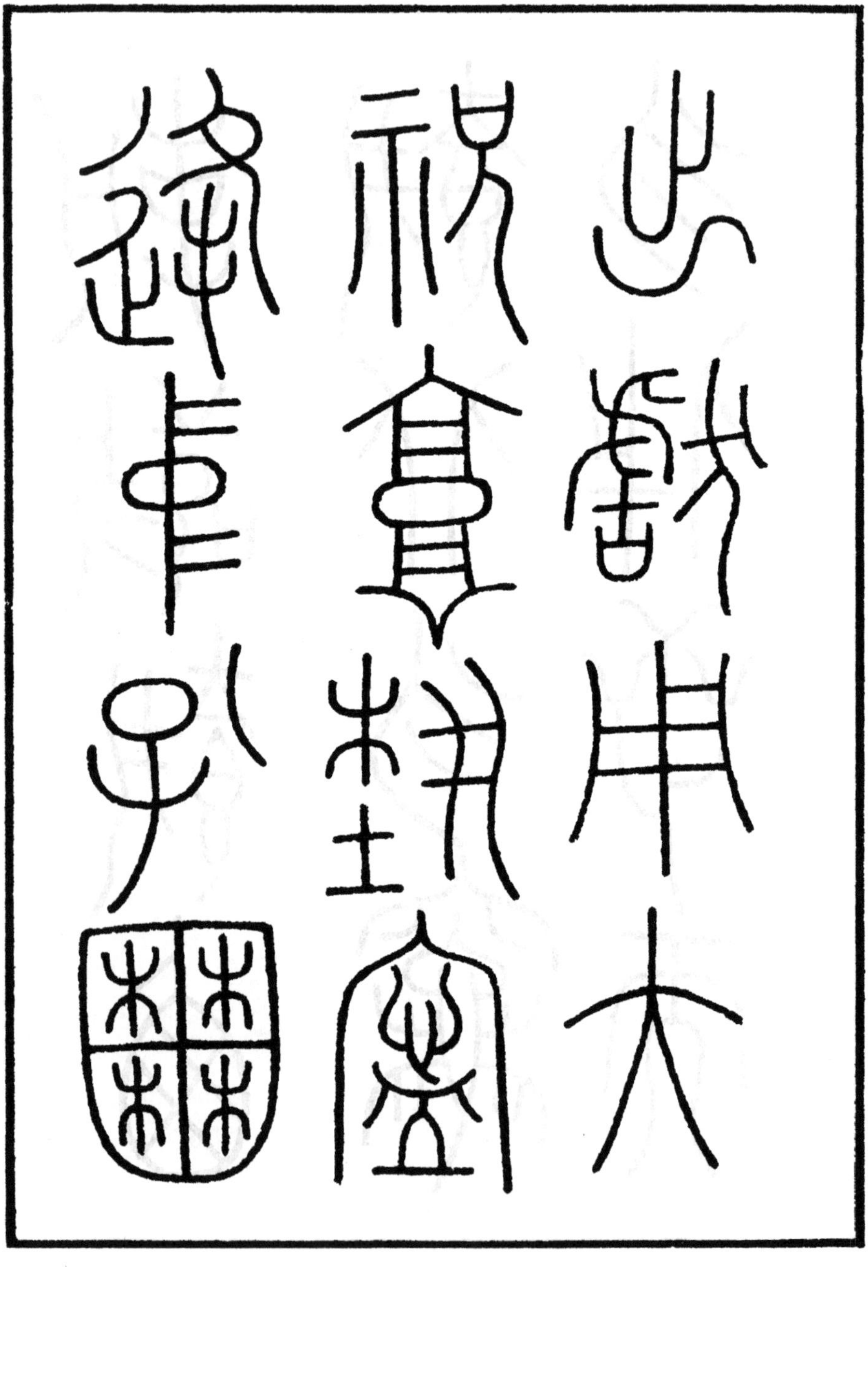

出勿戴敕吳
獻伐北敬人
用之勿戴憐
大而奄西

祝高埶寧
逢中孔固
康我其噇
天求有是

右岐陽十鼓周宣王太史籀所書歲月深遠剝泐殆盡前人嘗以其可辨者刻之於石以甲乙第其次雖不成文然典刑尚在姑勒于此与好事者共之

周琥

午十三

右銘云午十三按呂氏考古圖云大宗伯以玉作六器以白琥禮西方覲禮諸侯覲于天子天子為壇祀方明加文、其上設六玉西方琥小行人合六幣以和諸侯之好琥以繡禮器云珪璋特琥璜爵盞珪璋璧琮琥璜之六器以象天地四方天子以是禮神諸侯以是享天子而已說文曰琥發兵瑞玉爲虎文不見于經不知許慎何所據然漢用虎符發兵雖以銅爲之其原疑出於此文曰午十三者亦兵符之次第午字蓋以日辰爲號或以午與五同發兵遣將蓄藏以待此器虎形則然魯昭公疾賜子家子雙琥一環而爲二物是亦可以爲符矣

歷代鐘鼎彝器款識法帖卷第十八

秦器款識

璽 權 斤

漢器款識

鐘 甬 鈁 鼎 鼒

秦璽一

受天之命

皇帝壽昌

右璽文按集古印格云石本在畢景儒家其文玄妙渾古無過於此雖龍飛鳳翥不足以擬其勢蓋摹印之祖也

璽二　向巨源傳本

受命
于天
既壽
永昌

圖三　蔡仲平便本

釋音　同前

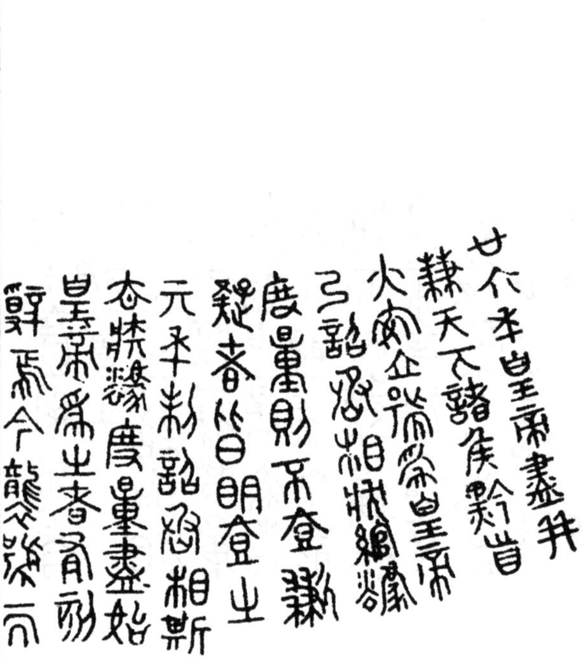

廿六年皇帝盡并
兼天下諸侯黔首
大安立號爲皇帝
乃詔丞相狀綰法
度量則不壹歉
疑者皆明壹之
元年制詔丞相斯
去疾法度量盡始
皇帝爲之者有刻
辭焉今襲號而
刻辭不稱始皇帝
其於久遠也如後

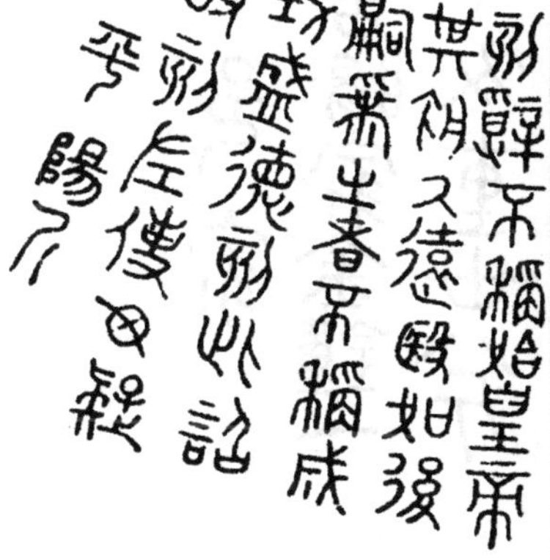

嗣為之者不稱成
功盛德刻之詔
故刻左使毋疑
平陽斤

考古云按秦本紀始皇廿六年并六國號皇帝一法度衡石丈尺丞相綰者王綰也二世元年皇帝曰金石刻盡始皇所為也今襲號而金石刻辭不稱始皇帝其於久遠也如後嗣為之者不稱成功盛德丞相臣斯臣去疾御史大夫臣德言請具刻書刻石因明白矣臣昧死請制曰可始言金石刻而卒止言刻石權之文云故刻左則史記石字當為左也丞相去疾者徐廣曰姓馮又古器物銘云世所謂秦權至多銘文悉同歐陽集古錄載秘閣校理文同家有二銘其一乃銅環上有銘循環列之不知為何器余嘗考之亦權也案班固漢書律曆志五權之制圜而環之令之肉倍好者周旋無端周而復始無窮已也孟康注以謂錘之形如鐶也然古權亦有如今称錘相似者蓋形制不一各從

其便耳

漢

周陽侯鐘

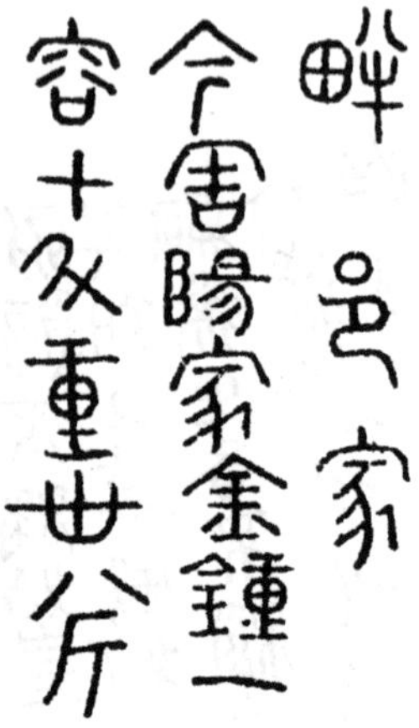

畔邑家

今周陽侯家金鍾一

容十升重卌八斤

右銘藏歐陽文忠公家銘曰周陽家金鐘漢器亦有周陽侯甗蓋一時器也

第卅

谷口甬

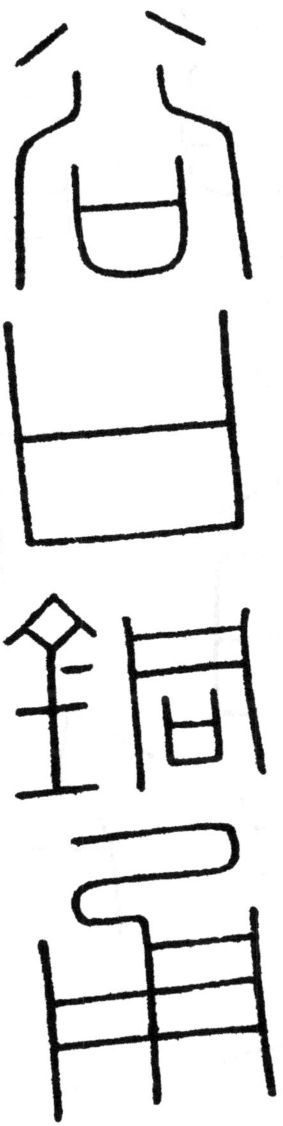

谷口銅甬
容十升
始元四年
南方
左馮翊造
谷口銅甬容十升
重卌斤甘露元年
十月計掾章平

左馮翊府

北方杭南

右古器物銘云谷口銅甬舊藏劉原父家一器而再刻銘始歐陽公集古錄金石遺文自三代以來法書皆備獨無西漢文字求之累年不獲曾原父守長安長安故都多古物奇器原父好奇博識皆求而藏去最後得斯器及行鐙博山香爐模其銘文以遺歐陽公於是西漢之書始傳于世矣蓋收藏古物實始於原父而集錄前代遺文亦自歐陽公發之後來學者稍稍知搜抉奇古皆二公之力也

武安侯鈁

武安侯家銅鈁容一石二斗重卌二斤第一

武安侯家銅鈁一容一石二斗重四十二斤第一

右武安侯鈁銘不知所從得按漢書景帝後三年田蚡封武安侯又楚思王子愋元始中再封武安侯器銘無年月未知果誰所作又按帝紀楚懷王昔封高祖為

武安侯然驗其刻畫疑非高祖時器

李氏鼎

李氏

銘二字曰李氏按此器圜弇上而耳外附質素無文与汾陰寶鼎相類其字畫亦作漢蹟李氏顯於兩漢者如西漢之李廣李陵東漢之李固李膺皆閥家華族甚多此但紀姓而不書名蓋未可考其為誰歟

鮑氏鼎

鮑氏

右銘二字曰鮑氏以不著名故未詳其為誰也

汾陰侯鼎

汾陰 侯

右鼎得於鄠縣民家井中鼎小似古陪鼎以羞膷臐膮者也刻其側曰汾陰侯汾陰侯蓋漢御史大夫周昌也以高帝六年封汾陰侯昌卒謚悼侯其子開方嗣謚哀侯未知此昌之鼎與開方之鼎歟劉原父作贊曰昌以直聞剌主桀紂權摧趙孫見奪母后勢有不行非智之陋兄弟競爽是宜有後

定陶鼎

蓋

器

都倉
定陶廟
容一斗并
重九斤
二兩

高廟

按漢十二年孝惠帝即位始詔郡國諸侯王各立高廟而是鼎於蓋間有高廟二字其字畫復有變篆為隸之體是其為高廟祀器無疑也又曰定陶廟者蓋漢初有天下雄功臣以定陶之地封彭越而王之是為梁王而其國則定陶也越既叛命乃削其地更以封高祖之子恢是為定陶共王恢其在惠帝即位之初許立高廟則正恢之世也

汾陰宮鼎

蓋

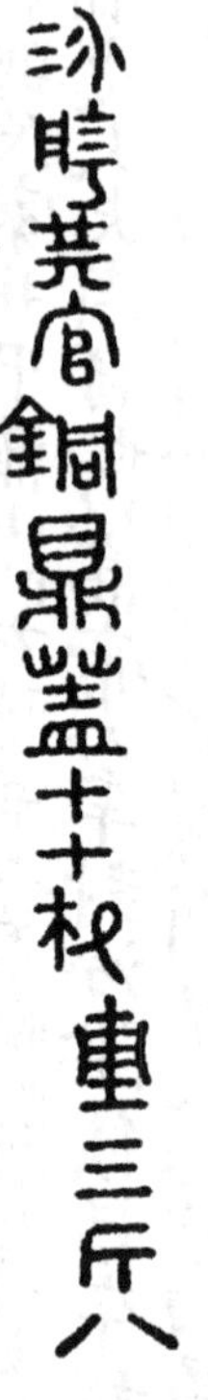

汾陰供官銅鼎蓋二十枚重三斤八兩

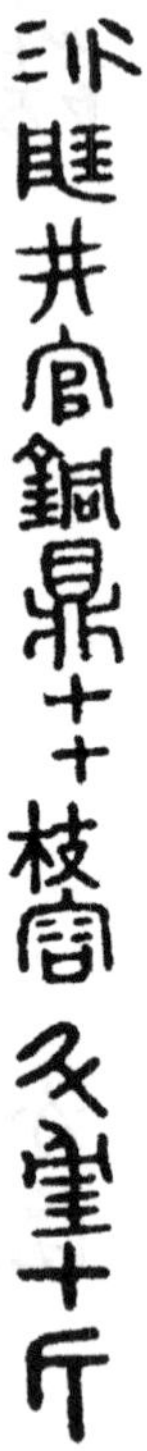

器

汾陰宮銅鼎容一斗重十斤

平陽一斗鼎重十斤

第廿三

汾陰供官銅鼎二十枚容斗重十斤

汾陰宮銅鼎一容一斗重十斤

平陽一斗鼎重十斤

第 廿 三

按前漢地里志河南郡屬縣有汾陰有平陽而平陽有鐵官此曰汾陰宮則宮之在汾陰者也考其銘識既曰汾陰供官銅鼎二十枚又曰汾陰宮銅鼎一者二十所以舉供官之數而一者舉其隸于宮者也又曰平陽一斗鼎蓋平陽有鐵官此乃紀所鑄之地耳曰第二十三者總其器之在汾陰者為之次不必言鼎也按西漢郊祀志云孝武皇帝始建上下之祀營泰畤于甘泉定后土於汾陰而神祇安之則立宮于汾陰者以祀后土之所是宜有列鼎之薦而此特其一器耳銘文稱供官銅鼎亦又明朝廷祀典之物非私享也

孝成鼎

長安廚孝成廟銅三斗鼎蓋一合第一

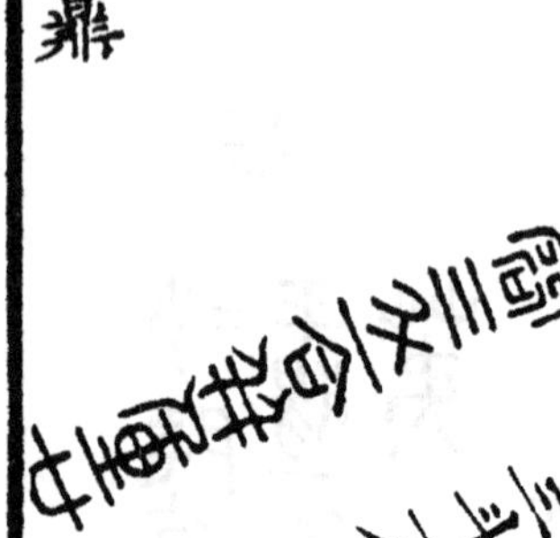

長安廚孝成廟銅鼎容三斗一合并重廿

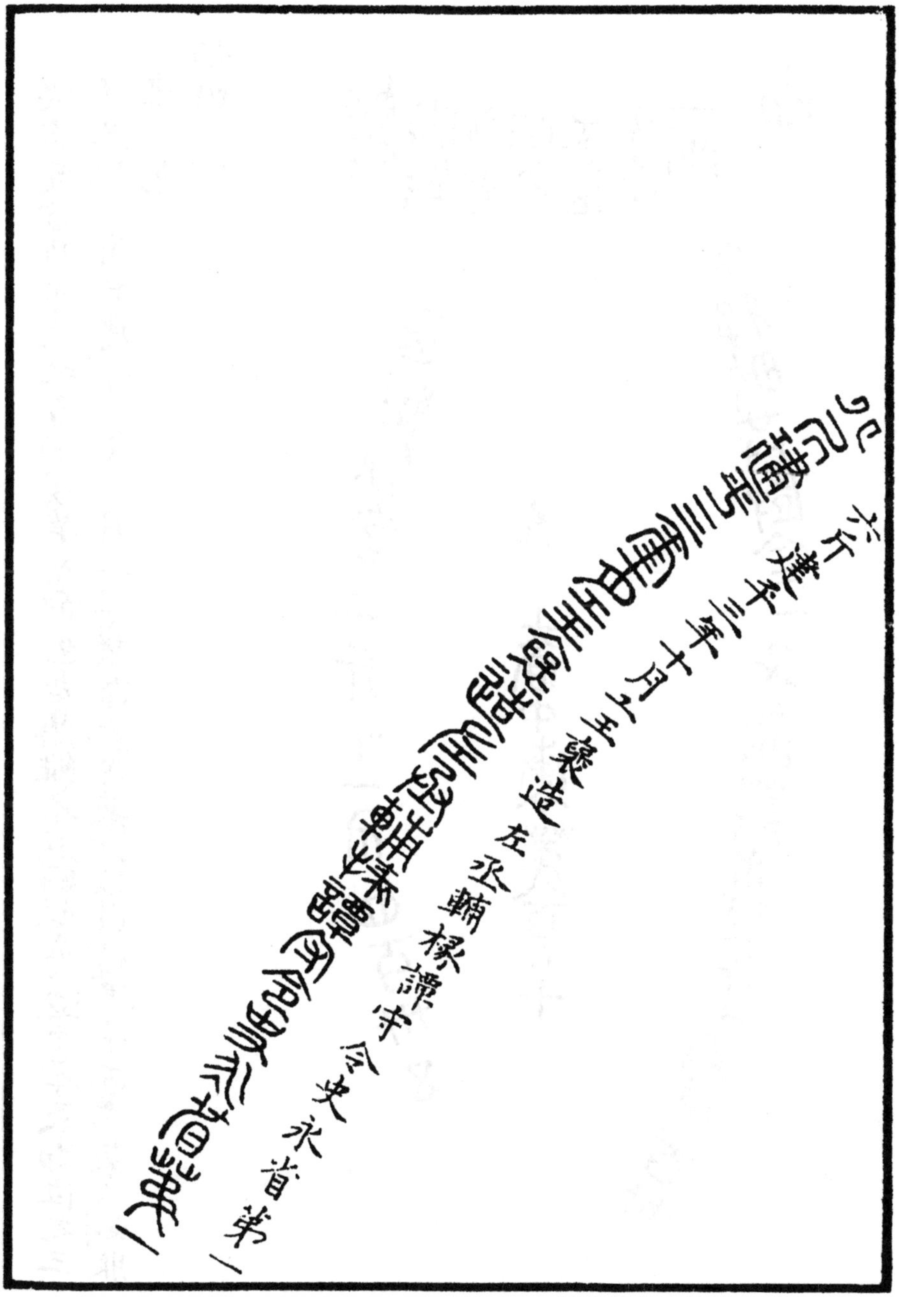

按孝成帝乃孝元之子西漢第九帝也是鼎雖孝成廟器乃造于孝哀即位之三年其銘又有曰建平三年十月工王褒造蓋孝哀即位改號建平而孝哀又嗣服孝成也

好時鼎

好畤共廚銅鼎容九斗重九斤二兩

山

長樂飤官二斤十一兩四百卅八

蓋

大官中[illegible]今第八百八十

今好畤共廚金一斗鼎蓋重二斤十兩第百卅

好時供廚銅鼎容九升重九斤一兩山

長樂載宮二斤　十一斤　四百三十五

大官中丞令第八百六十

今好時供廚金一斗鼎蓋重二斤十兩第百卅

傳古錄云按時封土也冢而祀之在昔秦襄以攻西戎始祠少昊作西畤秦文夢黃蛇口止于鄜又為鄜畤秦宣於渭南祠青帝曰密畤秦靈於吳陽祠黃帝曰上畤祠炎帝曰下畤此畤之所由興也及始皇東游歷祀名山大川遂祠八神一曰天主二曰地主三曰兵主四曰陰主五曰陽主六曰月主七曰日主八曰時主而地主之祠蓋在泰山之下梁父之地以天好陰祠之必于高山之下故又謂之好畤漢祖有天下觀雍之四時曰吾聞天有五帝而四何也蓋是秦襄有白帝之時秦文有黃帝之時秦宣有青帝之時秦靈復有黃帝炎帝之畤而獨無黑帝之時也又曰吾知之矣待我而具五也乃祠黑帝於是後世成

有五時之祠至武帝時幸五時因獲白麟以昭神休而詮其年為元狩則好時起于秦而事於漢也是鼎乃好時供厨之器而形制則漢物也又其名長樂飼官則知漢物明矣蓋長樂者漢宮也昔樗里子葬渭南其治時語於人曰吾墓後百歲當有天子之宮夾其左右後漢興而長樂宮乃在其墓東則長樂飼宮乃漢官名置官以祠神於古實不廢也又按呂氏攷古云此鼎有銘十有五字在腹廿二字在蓋器文云好時供厨鼎蓋文曰好時第百三十又曰長樂第四百廿五大囬中第八百六十好時在雍東秦以來郊上帝長樂未央建章皆在長安囬中言在汧之輔黄圖云大官從帝行幸移用其器而次第不一皆刻以記之備淆錯也

上林鼎

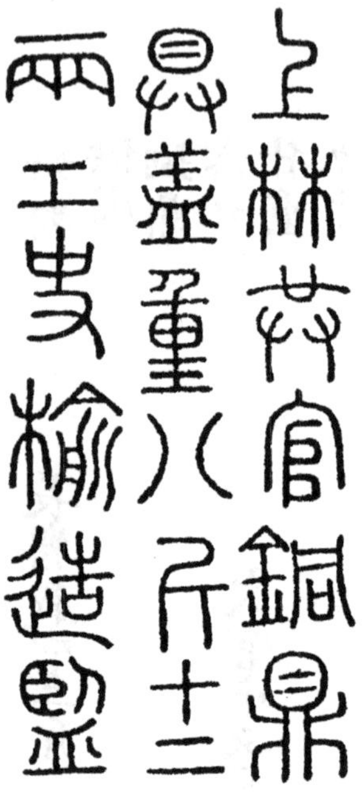

上林供官銅鼎
具蓋重八斤十二
兩工史楡造監

工黃佐李負芻

右銘不知所從得銘有監工李負芻按後漢絕無二名者此鼎蓋西漢器也

侈耳鼎

厶方
司正

右銘藏新平張氏銘云厶方司正不知何謂

高奴

右銘二字曰高奴高奴者上郡地名也

歷代鐘鼎彝器款識法帖卷第十九

漢器款識

鐙　壺　巵　律管　匜　洗　鉦

齊安鐙

齊安宮銅裏鐙容五升具蓋重五斤六兩神爵四年

典宮嗇夫忠佐史工司馬讓造第百卅一　廿三

齊安宮銅裏鐙容五升具蓋重五斤六兩神爵四年

典宮嗇夫忠佐史工司馬讓造第一百三十一　廿三

右銘藏廬江李氏考古云齊安宮未可攷銘云重五斤六兩以今權校之三兩十八銖當漢之一斤

蓮勺鐙

五鳳三年正月己丑工渭城徐安守屬定昌造

鳳三年正月己丑工渭城徐安守屬定昌造

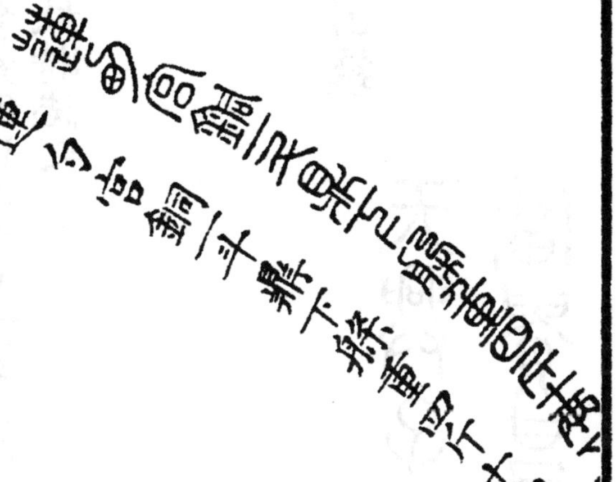

蓮勺宮銅一斗鼎下槃重四斤十兩五

按劉原父先秦古器記云右一器上為山下為槃世俗謂之博山鑪然按其刻曰蓮勺宮銅一斗鼎非博山者蓮勺則宣帝居民間時嘗困處也至今櫟陽界去長安七十餘里疑漢于其地亦有離宮刻又云五鳳三年五月巳丑工渭成徐安守屬宗昌造又按歐陽公集古錄云林華觀行鐙銘一蓮勺宮博山鑪下槃銘一皆漢五鳳年中造華觀漢書不載宣帝本紀云用於蓮勺鹵中註云

縣也亦不云有宮蓋秦漢離宮別館不可勝數非因事見之則史家不能備載也余所集錄古文自周穆王以來莫不有之而獨無前漢時字求之久而不獲每以為恨嘉祐中友人劉原父出為永興守長安秦漢故都多古物奇器埋沒于荒基敗冢往往為耕夫牧豎得之遂復傳于人間而原父又雅喜藏古器由此所獲頗多而以余方集古文故每以其銘刻為遺既獲此二銘其後又得谷口銅甬乃甘露中造由是始有前漢時字以足余之所闕而大償其素願焉余所集錄既博而為日滋久求之亦勞得于人者頗多而冣後成余之志者原父也故特誌之

博山鑪

天興子孫

富貴昌宜

天興子孫

富貴昌宜

右銘藏廬江李氏考古云　宮太子山重一斤七兩中間行葉有文曰天興子孫又曰富貴昌宜按漢故事曰太子服用則有銅博山香鑪晉東宮舊事曰太子服用則有銅博山香鑪二　鑪象海中博山下槃貯湯使潤氣蒸香以象海之回環此器世間亦有之形制大同而不一曰天興子孫又曰富貴昌宜者善頌之辭也

丞相府漏壺

廿一斤十二兩六年三月己亥年史神工譚正丞相府

二十一斤十二兩六年三月己亥年史神工譚正丞相府

考古云銘二十有一字按此器制度其蓋有長方孔而壺底之上有流筩乃漏壺也

太官壺

太官銅鍾容一斛建
武二十年二伍興造

太官銅鍾容一斛建
武二十年二伍興造

考工令史由丞或令
通主太僕監掾蒼省

考工令史由丞或令
通主太僕監掾蒼省

博古錄云銘三十二字按建武者漢之年號也東漢之盛惟建武永平號為極治而光武之初歲稱建武歷三十一年復改建武中元而此曰建武者蓋即位之年號非建武中元之年也二十年歲在甲辰乃東夷率衆內附正極治之時自伍鄭至蒼省蓋其工造與夫監掾之姓名耳此器體類壺而銘曰鐘者字書以鍾字从金从重以心為體蓋飲無以節之則流而生禍所以銘鐘者欲其止而不流蓋壺以取形鍾以示戒故說文以鍾為酒器其義如之

綏和壺

綏和元年供工昌為
湯官造世鍊銅黃塗
壺容二斗重十二斤

綏和元年供工昌為
湯官造世鍊銅黃塗
壺容二斗重十二斤

八兩塗工乳護級掾
臨主守右丞同守令
寶省

八兩塗工乳護級掾
臨主守右丞同守令
寶省

按漢成帝即位二十有六年始改元綏和而此壺作於是歲也凡漢器必謹其歲月与夫造器之官如曰護級掾臨主守右丞同守令寶省者是也

建光巵

建光中室有四

建光中室有四

銘六字曰建光中室有四按東漢孝安帝即位之十六季名其年紀曰建光是器蓋于建光中造也中室之稱者宜其有五室而此特中室之器耳蓋漢武立帳則有甲乙言中室有四則其他亦或有數也

律管

六呂始建國元年正月
癸酉朔日制

右銘識曰無咎學士家云始建國元年正月癸酉朔日制按漢書律曆志古以竹為玉為之平帝時王莽始易以銅又漢書莽以十二月朔癸酉為建國元年正月之朔二說皆合也

陽嘉洗

陽嘉四年朔令

銘云陽嘉四年朔令按孝順帝即位之十年改年紀曰陽嘉凡四季鑄器曰陽嘉四年蓋謹其所造之歲也曰朔者朔月也曰令者時令也字之右狀魚之形字之左復作鷺以鷺習水而捕魚其猶習於禮而得民之辟也洗盥手之器于此以奉祭祀交神人非苟然者謹其歲時且象而視之蓋不能無微意耳

長宜子孫洗

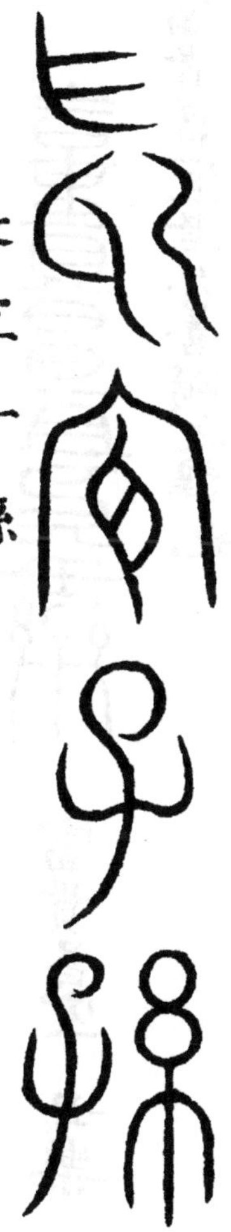

長宜子孫

宜子孫洗

宜子孫

呂榮

考古云按舊禮圖云洗承槃棄水之器其外畫水紋菱花及魚以飾之唐會要云上元二年高宗命韋弘機營東都上陽宮於曲澗疏建陰殿掘得古銅似盆而洗中有蹙起雙鯉之狀魚間有四篆字長宜子孫与此器同皆漢洗也

雙魚四錢大洗

富貴昌宜　毋樂

銘曰富貴昌宜者亦善頌之辭也

平周鉦

平周金銅鉦重六斤八兩

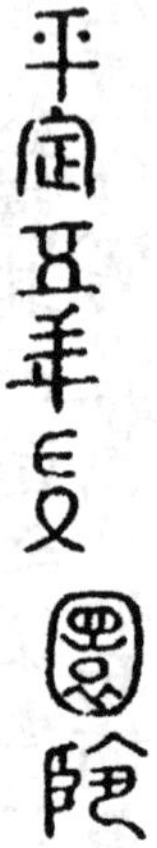

平定五年受園陰

按古器物銘云右銅鉦云平周金銅鉦重十六斤八兩背文云平定五年受園陰士大夫頗疑前代紀年無為平定者余嘗考之蓋非年號也按西漢書地里志平

注水匜

周平定圜陰三縣皆屬西河郡圜陰漢惠帝五年置此盖鉳先藏平周後歸圜陰渡以擕平定故再刻銘耳所謂五年者當是景帝以前未有年号時也前世既無平定年號而三縣皆隸西河故知其如此又圜陰王莽改曰方陰顔師古曰圜字本作圁縣在圁水之陰因以為名王莽改為方陰則當時已誤為圜今有銀州銀水即是舊名猶存但字變耳其説出於酈道元注水經今按茲器當時所刻乃為圜字然則師古何所依據遂以為圁乎恐亦臆説也

律斤衡蘭
注水匜容一斗
始建國元年
正月癸酉
朔日制

銘二十有二字曰始建國元年正月癸酉朔日制梜漢新室當孺子嬰初始元年戊辰十二月改為建國此言元年正月則是明年己巳歲制此器也此器形製如盂而淺足其旁彼出一流与匜略不相類迨見其識文乃知匜也然所容二合其器特小恐几格間所用者耳

歷代鐘鼎彝器款識法帖卷第二十

漢器款識

鐙　錠　燭槃　甗　釜

甑　銷　弩機

上林滎宮鐙

上林滎宮銅鴈足鐙下有槃并重六斤黃龍元年民工李常造第四

第三百卅

上林滎宮銅鴈足鐙下有槃并重六斤黃龍元年民工李常造第四

第二

百廿

銘云上林榮宮鴈足鐙下有鏉并重六斤黄龍元年民工李常造第四言鏉宮未改

首山宮鐙

蒲反首山宮銅鴈足八寸蓋重六斤永始四年二月工賈慶造

蒲反首山宮銅鴈足八寸盖重六斤永始四年二月工賈慶造

考古云藏京兆李氏銘云蒲反首山宮銅雁足盖重六斤永始四年二月工賈慶造改古漢宣帝時器地里志蒲反有首山祠其宮即祠宮也

甘泉上林宮行鐙

河東為甘泉上林宮造行鐙重六斤十兩五鳳二年王回夫山工誼作第二曾長

河東為甘泉上林宮造行鐙重六斤十两五鳳二年王回夫山二誼作第二曾○

甘泉內者鐙

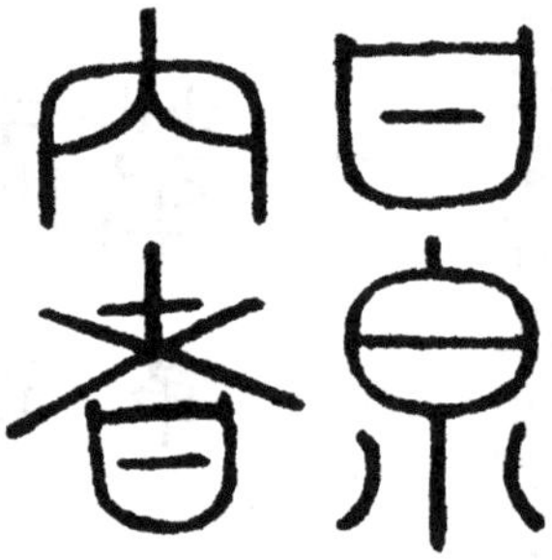

甘泉
內者

內者元康二年三月河東安邑守者宣王軒造重廿五斤十一兩

右銘藏京兆陳氏云甘泉內者下縣又云內者元康二年三月河東安邑守者宣
王軒造重廿五斤十一兩考古云甘泉上林皆水衡所掌內者有令丞少府之屬
掌中布張諸衣奄人職也
龍虎鹿盧鐙

宜子孫吉

右銘云宜子孫吉上有龍虎為之飾藏廬江李氏

耿氏鐙

延光四年二月耿氏

作鐙比二工張襃造

延光四年二月耿氏

作鐙比二工張襃造

銘云延光四年二月耿氏作鐙比二工張襃造全作漢隸極奇文云比二者言如此比者有二月漢人大柢爾雅可愛

虹燭錠　一名王氏錠

王氏銅虹燭錠

兩辟并重廿三斤四兩

第一

王氏銅虹燭錠

兩辟并重廿三斤四兩

第一

博古錄云銘一十八字自三代至秦㽞無斤兩之識此器顯其斤重又字畫与漢
五鳳鑪款識相類寔漢物也說文以錠爲鐙々則登而有用者銘曰虹燭者取其
氣運如虹之義殆薦熟食之䙵但闕其蓋而不全曰王氏者未審其爲誰也曰弟
一則知爲虹燭者數不特此耳

車宮承燭槃

車宮銅承燭槃重三斤八兩五鳳四年造　扶

車宮銅承燭槃重三斤八兩五鳳四年造　扶

考古云車宮不知何所右銘云車宮承燭槃重三斤八兩五鳳四年造下又有一
扶字扶乃言其𢑥耳漢器有扶字者甚多

周陽侯甗

周陽侯家銅三習雖甗鍑一容五斗重十

八斤六兩師治國五年五月國輸第四

周陽侯家銅三習雝甗鍑一容五斗重十
八斤六兩師治國五年五月國輸第四

考古云銘三十有三字按說文鍑吞釜也鍑上有甗故曰甗鍑言三習雝者習重也其制重漢恩澤侯表有周陽侯二淮南王長舅趙兼孝文元年封六年免孝景太后弟田勝孝景後三年封傳子祖元狩三年免文曰師治國五年自以侯受封嗣位之年數也文字疑宣帝時器皆未可考

館陶釜一次　軹家釜一

軹家釜

軹家容四斗五升重十斤一兩九朱

三年工丙造第五

軹家容四斗五升重十斤一兩九銖
三年工丙造第五
軹家宮不可攻藏京兆孫氏

館陶釜

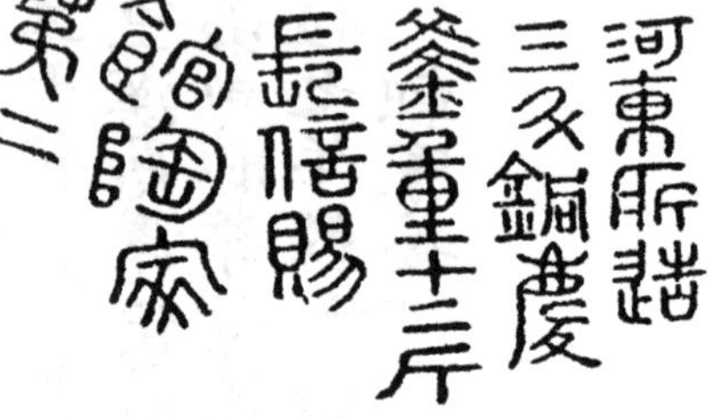

河東所造
三斗銅慶
釜重十二斤
長信賜
館陶家
第二

古器物銘云銘云長信賜館陶家按漢書外戚傳文帝竇皇后女則封館陶長主又百官公卿表長信詹事掌皇太后宮景帝中六年更名長信少府張晏注曰以太后所居宮為名也居長信則曰長信少府居長樂則曰長樂少府長則景帝時

官名長信則竇太后居是宮無疑銘雖無年月然知其為竇太后賜館陶公主亦無疑也

軹家甑

軹家容三斗重四斤廿銖

三年工丙造第五

銘曰軹家与軹家釜銘文同亦藏京兆

博古云有銘在腹曰梁山鋗重十斤元康元年造外複有一扶字按漢孝宣帝
即位之十年乃改元康元年是器乃此年造也其扶字乃號耳如好畤鼎用
山字是也梁山銅者紀其貢金之地梁山於漢初為孝王之封梁王依山鼓鑄
為國之富故在孝王時有罍尊直千金戒後世寶之則梁山之銅有自來矣
其後梁之子孫分其國為五則在孝宣時亦不替貢金之職耳

書言府弩機

延光三年閏月書言
府作六石鐖郭工鍛
賢令磨守丞躬乘
鉅史訓主

延光三年閏月書言
府作六石鐖郭工鍛
賢令磨守丞躬乘
鉅史訓主

右銘二十有七字曰延光三年閏月書言府作按延光三年益後漢孝安皇帝
即位之十九年也是年歲在甲子閏在十月不言十月而言閏月舉閏則知
十月也書言府作所謂言則左史書之之義天祿石渠之屬　蓋漢之武庫隨

府有如盾省是也又若工若令若丞若史皆銘之信幾則知除戎器戒不虞昔人尤在所慎者其制作或錯以銀而文鏤細若絲綰結則知所謂咸精其能非特於前漢孝宣之際為然也

歷代鐘鼎彝器款識法帖卷第二十終

予讀薛尚功集古金石文常歎其博及見謝長源所収尚功寫本乃知今石刻僅得其半而寫本字畫爲精夫學至於博而精豈特論藝文而已至正元年後五月廿二日靈武斡玉倫

徒克莊在武林驛書是日
以潘雲谷墨試張掖劉伯
温所遺黃羊尾毛筆

至正七年歲八月十二日
白野泰不華觀
姑蘇王行觀